JN412267

남성들이 새롭게 회복되는

넉넉히 이기는 자

남성
성경공부
교재

남성들이 새롭게 회복되는

넉넉히 이기는 자 : 남성 성경공부 교재

수산 콜 · 토드 콜 (원작), 모스비, 코줍 지음
민수진 · 임승옥 옮김

1쇄 인쇄 | 2024. 3. 10
1쇄 발행 | 2024. 3. 20

펴낸곳 | 베다니출판사
펴낸이 | 오생현
등록일 | 1992. 5. 6 (제3-413호)

주소 | 서울시 송파구 새말로10길 18-1, 4층 (우편번호 05810)
전화 | (02) 448-9884~5
팩스 | (02) 6442-9884

이 메 일 | bethanyp@hanmail.net
홈페이지 | http://www.bethany.co.kr
북 카 페 | cafe.naver.com/bethanybooks

값 11,000원

ISBN 978-89-5958-259-4 (03230)

오직 남성을 위한 남성 성경공부 교재

남성들이 새롭게 회복되는

넉넉히 이기는 자

수산 & 토드 콜, 모스비, 코줍 지음 | 민수진, 임승옥 옮김

MORE THAN CONQUERORS

베다니출판사

그러나 이 모든 일에
우리를 사랑하시는 이로 말미암아
우리가 넉넉히 이기느니라
(로마서 8:37)

Contents

왜 남성 성경공부 교재인가 8
공동체 세우기 10
소그룹의 다섯 가지 원리 14

부록 1 나 자신과 하나님에 관한 거짓말들 · 진리들 140
부록 2 '넉넉히 이기는 자' 성경공부를 통한 삶의 변화 일지 152

왜 이사야서가 그리스도인에게 도움이 되는가 154

1부 부름 받은 자

1과 넉넉히 이기는 자 24

2과 가치 있고 존귀한 남성들 38

3과 의로움을 입다 49

4과 나의 진정한 이름 되찾기 63

2부 부르신 분

5과 사랑의 아버지 76

6과 관계의 하나님 85

7과 내 영혼의 만족자 94

3부 넉넉히 이기는 자

8과 승전을 위한 준비 104

9과 전쟁에서 이기다 112

10과 모든 방해물을 버려라 118

11과 그의 영광을 나타내다 130

왜 남성 성경공부 교재인가

여성 성경공부 교재 "재 대신 화관"이 출간된 지 10년이 되었습니다.

지난 10여 년간 "재 대신 화관" 12주 성경공부를 통해서 여러 나라에서 많은 여성이 치유를 받고 회복이 되면서 자유를 누리게 되었습니다. 그러자 이 성경공부를 마치신 여성분들로부터 다음과 같은 질문을 많이 받았습니다.

"남성을 위한 성경공부 교재는 없나요?"

그분들의 남편도 회복이 필요하며, 그들을 만나 달라는 부탁이었습니다.

그런데 남성분들은 여성분들과 달라서 '우리가 얼마나 보배롭고 소중한 존재인가?'라는 진리를 듣는 것만으로는 부족합니다. 제가 알기로, 남성분들은 어떤 변화를 보아야 하는데 많은 경우에 우리 여성들의 변화를 보기 원하는 것 같습니다.

우리는 지난 10여 년간 "재 대신 화관" 여성 성경공부를 통해서 많은 여성의 변화가 일어난 것을 보았습니다. 이제 때가 되어서 "재 대신 화관" 여성 성경공부 교재와 함께 남성들을 위한 "넉넉히 이기는 자" 남성 성경공부 교재를 출간합니다. 이 성경공부 교재를 개인과 가정과 교회에서 활용하셔서 남성들이 하나님 나라를 위해 새롭게 회복되어 귀한 존재로 세워지도록 사용하시길 바랍니다.

힘들고 어려운 세대 가운데 가정을 이끌어 나아가야 하는 남성분들이 이 성경 공부 교재를 통하여 '넉넉히 이기는 자'로 치유 받고 회복되는 놀라운 일들이 일어날 것입니다.

남성들을 통해 그들의 가정이 회복될 뿐만 아니라 그 가정에서 성장하는 다음 세대가 하나님 나라를 위하여 아름답게 일어날 것입니다.

임승옥

공동체 세우기

하나님의 말씀을 배우는 것은 강력한 힘이며, 생명의 변화를 가져다 준다. 그러나 성경 말씀은 우리가 서로 공동체 안에서 함께 배우기를 자주 권고한다.

"그리스도의 말씀이 너희 속에 풍성히 거하여 모든 지혜로 피차 가르치며 권면하고…" 골로새서 3:16

하나가 된 공동체는 폭발적인 교회 성장을 낳은 초대교회의 능력 성령님이 함께 하신 이었다! 이 남성 성경공부 – "넉넉히 이기는 자"를 하는 당신도 소그룹으로 하는 것이 가장 효과적이다. 집에서 스스로 먼저 공부를 한 후, 소그룹 시간에 당신의 답을 함께 나눈다면 진보와 성장을 경험할 것이다. 만약 소그룹으로 하기가 어려운 경우에는 혼자 할 수도 있다. 그렇지만 나는 당신이 가까운 친구와 정기적으로 만나서 이 남성 성경공부를 통해 하나님께서 깨닫게 하신 것들을 같이 나누며 기도할 수 있도록 권면을 드린다.

형제님들이여! 우리는 우리 영혼의 새로움, 자유함과 치유를 가져다 줄 이번 여정의 길을 함께 시작하고자 한다. 하나님과의 깊은 교제의 기쁨을 발견할 수 있는 시간이 될 것이다. 나는 이 남성 성경공부를 통하여 하나님과 또 다른 사람들과의 친밀함을 향상시킬 수 있기를 위해 진심으로 기도한다. 하나님과 다른 사람들을 새로운 마음으로 자유롭게 사랑하는 당신이 되길 바란다. 이 남성 성경공부를 끝까지 마치므로 하나님께서 높임을 받으시고, 그리고 그분을 더 알고 빛을 더 발하는 당신이 되길 기도한다.

우리는 모두 하나님의 사랑, 기쁨, 평화, 그리고 풍성함이 넘치는 승리의 삶을 갈망한다. 예수님께서 바로 이러한 삶을 우리에게 주시려고 오셨다.

"…내가 온 것은 양으로 생명을 얻게 하고 더 풍성히 얻게 하려는 것이라" 요한복음 10:10

이것이 우리의 갈망이다. 그러나 현실은 그렇지 못하다. 오히려 하나님과 멀리 떨어져 있는 것 같고, 하나님과 동행하지 못한 삶에 실망하기도 한다. 어쩌면 당신은 전반적으로 괜찮다고 생각할 수도 있겠지만, 하나님께서 당신을 위해, 그리고 당신 주위의 관계들을 위해 더 깊은 뭔가를 가지고 계신다고 느낀다. 수없이

밀려오는 감정적인 싸움에 몸부림쳐야 하고, 습관적으로 반복되는 죄들로 인해 속박당하여 스스로 외로움 가운데 녹초가 되고, 가족이나 친구들, 그리고 교회와의 관계가 지속적이지 못하므로 겪어야 하는 쓰라린 고통을 자주 느끼기도 한다.

이런 모든 상황을 돌아보며, 그래도 어쩌면 전반적으로 괜찮은 편이라고 느낄 수도 있다. 하지만 정작 하나님은 당신을 위해, 하나님과 개인적 관계에서 무엇인가 더 깊은, 그리고 다른 사람과의 관계에서 더 깊은 그 뭔가를 갖고 계심을 마음 한구석에 느끼게 될 것이다.

우리 모두 로마서 8:37 말씀처럼 하나님께서 "넉넉히 이기는 자" 남성 성경공부를 통하여 당신을 다시 새롭게 하시고 재충전하시도록 함께 기도로 나아가자.

공동체 나눔

그룹에서 함께 나눌 수 있는 다음의 질문을 한두 가지 선택하여 나눠보라.

1. 당신이 이제까지 속했던 그룹 성경공부, 스포츠팀, 공동체나 캠퍼스 그룹, 이웃들과의 그룹, 여행 그룹 등 중에 가장 독특하고 재미있었던 그룹, 혹은 좋았던 그룹은 무엇이 있는가? 무엇이 그렇게 만들었는가?

2. 이 남성 성경공부에는 어떻게 참석하게 되었는가? 성경공부를 통해 무엇을 배우길 원하는가?

3. 당신 자신에 대해 나누어보라. 어디서 왔는지, 지금 하고 있는 일은 무엇인지, 당신의 가족과 가장 좋아하는 취미, 혹은 당신에 대한 흥미로운 사실 등을 나누어보라.

4. 예수님을 인격적으로 알아 온 "신앙 여정"에 관한 이야기를 짧게 나누어보라.

소그룹의 다섯 가지 원리

"넉넉히 이기는 자" 성경공부에 참여하는 공동체 그룹을 위한 원리가 있다.

다음의 다섯 가지 원리들을 읽어보고, 당신이 소그룹 나눔 시간에 잘 적용할 수 있도록 하나님께 기도하라. 그리고 소그룹 나눔 시간을 통해 일하실 하나님의 역사하심을 기대하라.

사도행전 2:42-47을 함께 읽어보라.

"그들이 사도의 가르침을 받아 서로 교제하고 떡을 떼며 오로지 기도하기를 힘쓰니라 사람마다 두려워하는데 사도들로 말미암아 기사와 표적이 많이 나타나니 믿는 사람이 다 함께 있어 모든 물건을 서로 통용하고 또 재산과 소유를 팔아 각 사람의 필요를 따라 나눠 주며 날마다 마음을 같이하여 성전에 모이기를 힘쓰고 집에서 떡을 떼며 기쁨과 순전한 마음으로 음식을 먹고 하나님을 찬미하며 또 온 백성에게 칭송을 받으니 주께서 구원 받는 사람을 날마다 더하게 하시니라."

원리 1 연약함을 드러내라

초대교회는 성도들의 지속적인 만남과 기도, 함께 말씀을 공부하고 필요에 따라 서로 도와주고 진심어린 열린 마음으로 함께 교제를 나누는 아름다운 간증이 있었다. 신약의 초대교회의 본보기이지만, 우리의 성경공부도 그 교제의 원리를

한 사람이면 패하겠거니와 두 사람이면 맞설 수 있나니
세 겹 줄은 쉽게 끊어지지 아니하느니라 _전 4:12

적용할 수 있는 경건한 형제 공동체이다.

이 성경공부를 위해서 그룹원들과 당신의 어둡고 깊은 비밀의 사연을 모두 나눠야 한다고 생각하지 마라. 그렇지만 당신이 과거보다 좀 더 마음을 열고 투명하게, 그리고 자신의 연약한 점을 드러내는 믿음의 발걸음을 내디딜 수 있도록 용기를 달라고 기도하라. 각 과마다 하나님과 그룹원들 앞에서 활짝 열린 마음으로 내용에 답하라. 그리고 어떤 대답을 나누기 원하시는지 성령님께 기도하라. 당신이 자신의 연약한 점을 드러내 보임으로써 그룹원들이 당신을 위해 기도하며 섬길 수 있도록 기회를 갖게 된다. 또한 그렇게 함으로써 그들은 자기 혼자만 어려움을 겪고 있는 것이 아님을 깨닫게 된다.

1. 사도행전 말씀에 나타난 성도들 간의 교제가 어떻게 이루어졌는가?

원리 2 사랑으로 진실을 말하라

우리가 그룹에서 나누는 궁극적인 목적은 하나님께 영광을 골로새서 3:17 그리고 서로를 세워주기 위함이다. "무릇 더러운 말은 너희 입 밖에도 내지 말고 오직 덕을 세우는 데 소용되는 대로 선한 말을 하여 듣는 자들에게 은혜를 끼치게 하라" 에베소서 4:29

그룹 나눔의 시간에는 솔직해야 한다. 하지만 서로를 사랑하고 격려하는 것이 우리의 우선적인 목표이다. 우리는 스스로에게 물어봐야 한다. 나의 질문으로, 나의 나눔으로, 나의 침묵으로, 나는 누구를 섬기고 있는가? 우리는 가끔 이기심이나 자기 보호의 이유로, 침묵으로 일관하거나 타인에게 배타적일 때가 있다. 같은 방식으로 우리는 그룹 안에서 다른 사람의 수긍이나 용납을 얻으려는 목적으로 나눌 때가 있다.

2. 에베소서 4:29에 의하면, 우리가 나누어야 하는 것과 아닌 것의 기준이 무엇인가?

3. 당신이 그룹 안에서 자기 중심적이 될 때 아마도 새로운 그룹에서 안정감이 없는 이유로,

당신은 어떤 식으로 그룹에 참여하곤 하는가? 침묵인가? 그룹 주도형인가? 가볍게 농담 스타일인가? 조심스럽게 말하는가? 이야기를 길게 나누는가?

....

....

원리 3 그룹원과 두려움이 아닌, 믿음으로 관계를 맺어라

"하나님이 우리에게 주신 것은 두려워하는 마음이 아니요 오직 능력과 사랑과 절제하는 마음이니" 디모데후서 1:7

우리는 모두 과거에 타인으로부터 부당한 취급을 받은 경험이 있을 것이다. 불친절하거나 불쾌한 언어들, 거절, 배신, 놀림, 거짓말, 험담, 거친 말들, 아니면 거짓 고발 등으로 말이다.

이러한 일들에 또 직면한다면 우리는 다시는 상처받지 않으려고 우리 마음에 겹겹이 벽을 쌓고 보호하려고 한다. 이런 벽들이 다른 이들과 친밀한 관계를 맺지 못하게 한다. 얼마나 두껍게 벽을 쌓는가에 따라 다른 사람과의 관계의 깊이가 정해진다. 이런 벽들이 우리를 잠시 보호할 수는 있으나, 하나님이 원하는 다른 이들과의 사랑의 관계를 세워가는 데는 방해한다.

본질적으로, 우리는 믿음보다는 두려움으로 다른 이들과 관계를 이어가게 되는 것이다. 이 공부를 통하여 두려움 대신 믿음으로, 다른 사람들과 좋은 관계를 맺고 배우는 시간이 되길 바란다. 하나님께서 이 성경공부를 통해 당신의 삶에 역사하시므로 당신은 점점 두려움이 아닌 믿음으로 이루어지는 관계의 발전을 발견하게 될 것이다.

4. 이 남성 성경공부 혹은 그룹과 연관된 두려움이 있다면 적어보라. 잠시 그 두려움들을 하나님께 내려놓는 기도를 드리라. 다른 사람에게 정직하고 열린 마음이 되도록 믿음으로 나아가게 해달라고 기도하라.

원리 4 서로를 위해서 기도하라

"넉넉히 이기는 자" 공동체는 매주 당신과 함께, 그리고 당신을 위해서 기도할 형제들로 이루어진 팀이다. 이것은 그룹 안과 밖에서도 할 수 있다. 기억하라. 그룹의 신뢰를 지키는 것이 매우 중요하다. 그룹 안에서 나눈 이야기들은 그룹 밖 다른 사람들과 나누어서는 안 된다.

> "그러므로 너희 죄를 서로 고백하며 병이 낫기를 위하여 서로 기도하라 의인의 간구는 역사하는 힘이 큼이니라" 야고보서 5:16

5. 하나님은 왜 우리의 죄를 서로 고백하라고 하셨는가? 하나님께 우리의 죄와 고민을 아뢰는 것으로는 왜 충분하지 않은가?

....

....

원리 5 하나가 되라

다른 사람을 어떻게 사랑해야 하는지에 대한 구절들이 성경에 많이 있다. 모든 구절들은 그리스도를 드러내고 서로 하나가 될 수 있도록 다른 사람을 향해 어떻게 행동해야 하는지를 보여준다.

소그룹의 다섯 가지 원리

다음의 목록들은 서로 어떻게 대해야 하는지에 대한 성경적 원리의 일부를 적어 놓은 것이다. 목록들을 보고, 하나님께서 당신이 그룹과 관계를 맺는데 초점을 맞추고자 하는 특별한 영역이 있다면 보여달라고 기도하라.

부드러움, 인내함, 겸손함, 사랑으로 참아줌, 친절함, 인정 많음, 용서함, 용납함(판단이나 비판하지 않고), 존중함, 순종함, 타인 중심, 말하기는 더디 하고 듣기는 속히 함, 격려함, 정직함, 감사함, 기도함, 즐거워함(투덜대거나 불평하지 않음), 담대함, 깊은 배려심, 화평케 함, 자비로움, 신실함, 깊이 사랑함, 관대함, 연약함, 은혜로 충만함, 섬김의 마음, 신뢰할 수 있음(비밀을 잘 지킴, 다른 이를 보호함), 굴하지 않음, 쉽게 화내지 않음, 희망적임, 그리고 믿을 수 있음.

6. 위의 목록 가운데 하나님의 도우심으로 보다 성숙해지기를 원하는 영역을 적어 보아라.

공동체 나눔

앞의 다섯 가지 원리 중 당신에게 좀 더 어렵다고 생각되는 것이 있는가? 만약 있다면, 그룹원과 함께 성경공부를 하는 동안 이 부분이 향상될 수 있도록 도와 달라는 기도를 하나님께 드리라.

배운 것을 알고만 있지 않고 함께 나눌 때 이 원리들을 잘 적용할 수 있다. 만약 이 성경공부를 소그룹이 아닌 혼자서 한다면, 정기적으로 만나서 배운 것을 나눌 수 있는 한 사람을 만나게 해달라고 하나님께 기도하라.

과제

1. 다음 과를 준비한다.
2. 그룹원 서로를 위해 기도한다.

More than Conquer_

1부

부름 받은 자

_ors

1 넉넉히 이기는 자

그러나 이 모든 일에 우리를 사랑하시는 이로 말미암아 우리가 넉넉히 이기느니라 _로마서 8:37

시작

당신이 영웅이 될 수 있다면, 당신은 누가 되고 싶은가? 이것을 선택한 이유를 써 보라. 그들은 무엇을 정복했는가?

....

....

넉넉히 이기는 자

Funhouse라는 거울 앞에서 자신을 본 적이 있는가? 이 거울은 뒤틀려 있어서 몸의 일부가 넓거나 가늘거나 짧거나 높게 보인다. 비슷한 방식으로 우리 삶에서 만나는 사람들을 볼 수 있다. 우리에게 Funhouse라는 거울과 같을 수 있다. 우리는 그들의 반응에서 나 자신을 볼 수 있다. 우리는 그들로부터 내가 좋은 사람인지, 나쁜 사람인지, 사랑받거나 거부당하는지를 인식한다. 문제는 그 사람들이 스스로 왜곡되어 있다는 것이다. 그들이 말하는 부정적인 말과 그들이 나를 대하는 불친절한 방식에서 나는 내가 누구인지에 대한 왜곡된 이미지를 갖게 된다. 이러한 잘못된 이미지는 오랫동안 나와 함께 있을 수 있다.

이 세상의 메시지는 파괴적이고 거짓으로 가득하다. 사단은 이 세상의 왕자이다. 그는 미디어, 권위자, 심지어 친구와 가족과 같은 우리 주변의 사람들을 사용하여 나에 대한 거짓 메시지를 전한다. 사단은 거짓의 아비라고 한다. 어린 나이에 이러한 거짓 메시지를 들으면 진리와 구분하기가 어렵다. 불행하게도 우리는 그 거짓 메시지를 받아들이고, 그 거짓 메시지들은 내가 어른이 되어서도 나 자신을 보는 방식을 계속해서 훼손한다. 이러한 거짓 메시지들은 진리처럼 느껴질 뿐만 아니라 종종 나는 그것이 내 삶의 모든 측면에 얼마나 많은 영향을 미치는지 깨닫지 못하기도 한다. 이러한 거짓 메시지들은 궁극적으로 나를 속박하며 나의 결정, 관계, 태도, 행동, 정서적 및 신체적 건강, 하나님과의 관계에도 영향을 미친다.

사도 요한은 진리가 너희를 자유롭게 하리라 요한복음 8:32 라고 말한다. 이 자유는 나의 삶에 커다란 영향을 미쳐서 나로 승리의 삶을 살게 할 것이다.

사도 바울은 로마서 8:37에서 이렇게 말한다.

"그러나 이 모든 일에 우리를 사랑하시는 이로 말미암아 우리가 넉넉히 이기느니라."

이것은 하나님의 약속이다. 이것이 약속이라면 왜 우리 중 많은 사람이 승리의 삶이 아닌 삶을 살고 있는가? 우리의 삶은 수치심, 죄의 속박, 분노, 중요한 관계에서의 긴장, 하나님과 거리가 있는 삶으로 가득 차 있다. 넉넉히 이기는 삶이 어떻게 된 것인가?

이 남성 성경공부를 통해 우리는 더 큰 승리와 자유를 경험하게 될 것이다. 우리는 넉넉히 이기는 자의 삶을 사는 법을 배우게 될 것이다.

로마서 8:35-39

1. 로마서 8:35를 읽고 "우리가 승리해야 할 것들"을 적어보라. 자신이 적은 것들 중에 현재 고군분투하고 있는 부분을 나누어보라.

2. 로마서 8:35–39에 따르면, 무엇이 우리로 승리자가 되게 하는가?

이 교재에 쓰이는 많은 성경 발췌 부분은 이사야서에서 나온 것이다. 이에 대한 이유는 교재의 154쪽에 있는 "왜 이사야서가 그리스도인에게 도움이 되는가"에 대한 기사에서 찾을 수 있다.

바울은 그 어떤 것도, 그 누구도 우리를 하나님의 사랑에서 끊을 수 없으며, 심지어 사단도 마찬가지임을 알려준다. 로마서 8:37에 있는 이 약속은 놀랍다. 그러나 우리는 그리스도 안에 거하고 그분을 신뢰하고 순종함 그분의 진리와 사랑과 권능에 따라 행함으로써 하나님의 사랑을 유지하는 방법을 배워야 한다. 그렇지 않으면 우리는 빨리 패배에 빠질 것이다.

예수 그리스도께서는 나를 그분의 자녀로 삼으셨다. 그분은 나를 영적으로 그분의 형상으로 다시 만드셨다. 성경은 내가 새로운 피조물이라고 말한다. 그러나 내가 날마다 하나님과 연결되지 않으면 하나님이 원하시는 삶을 살 힘이 없다. 하나님의 능력이 나를 통해 흐르도록 어떻게 하나님께 연결하는가? 나는 말씀을 읽고 기도하면서 하나님과 함께 시간을 보낼 필요가 있다.

 이사야 43:1–4,7, 시편 8:3–8

3. 1절의 "야곱아", "이스라엘아"라는 부분에 자신의 이름을 넣어보라. 하나님은 주님께서 당신을 조성하시고, 창조하시고, 구속하시고, 이름을 부르셨다

고, 그리고 주님의 것이라고 말씀하신다. 이런 진리를 아는 것이 당신이 7절에서 말하는 큰 역경 가운데 있을 때 어떤 도움이 되는가?

....

....

하나님의 눈에 내가 누구인지를 아는 것은 내가 일상생활을 살아가는 데에 큰 변화를 가져올 것이다. 하나님께서 나의 마음을 새롭게 하시고 왜곡된 나 자신의 모습과 하나님과 나와의 관계에 관한 잘못된 관점을 치유해 주실 때 나는 완전히 새로운 차원으로 고통과 괴로움을 헤쳐나가려는 용기와 의지를 갖게 될 것이다.

4. 하나님이 나를 보배롭고 존귀하게 여긴다는 의미는 무엇인가? 이 구절이 자신을 바라보는 관점에 어떻게 영향을 미치는가?

....

....

5. 7절에 의하면, 하나님은 나를 그분의 영광을 위하여 창조하셨다. 사단은 사람들의 생각을 왜곡해서 그들 자신과 다른 사람들을 거절하도록 만들기를 원한다. 이것이 어떻게 하나님께 영광 돌리는 일을 빼앗았는가?

....

....

신기하고 놀랍게 창조되었다

"주께서 내 내장을 지으시며 나의 모태에서 나를 만드셨나이다 내가 주께 감사하옴은 나를 지으심이 심히 기묘하심이라 주께서 하시는 일이 기이함을 내 영혼이 잘 아나이다" 시편 139:13-14

시편 본문에는 우리가 알아두어야 할 두 단어가 있다.

"신기하게"와 "놀랍게"이다. "신기하게"라는 히브리어 단어는 "두렵다, 받들다, 경외하다, 찬미하고 존경하다"의 뜻을 가지고 있다 James Strong의『스트롱 히브리어 그리스어 사전』 나 자신이 신기하게 만들어졌다는 사실은 나보다는 하나님과 더 관련되어 있다. 즉, 나는 창조자의 감정, 아름다움, 지적 능력, 품성 그리고 자유 의지의 투사체이다.

이 단어의 정의에서 보듯이, 나는 하나님의 반영이기 때문에 나 자신을 다른 사람보다 더 영예롭게 하고 존경해야 한다. 하나님의 창조물인 나 자신과 다른 사람들을 보면서 나는 주님을 찬송하고 찬양할 수 있다. 창세기 1:27에서 나는 하나님의 형상대로 창조된 것을 배웠음을 기억하라. 하나님의 아름다움과 훌륭한 품성이 주님의 창조물인 나를 통해 드러난다. 나는 자유 의지, 옳고 그름을 판단할 수 있는 도덕성, 그리고 하나님과 교제할 수 있는 영혼을 가지고 있다. 이것들은 하나님의 창조물로부터 나를 구분짓는 독특한 특성이다. 이것이 다윗이 주님께서 다윗이 되도록 만든 모습으로써 하나님을 찬양할 수 있는 이유이다.

"놀랍게"라는 말의 뜻은 "구별되다, 차이를 두다, 따로 두다"이다. 강조할 점은, 하나님이 우리 한 사람 한 사람을 독특하게 심사숙고해서 디자인하셨다는 것이다. 우리는 각각 다 다르다는 것이 특별한 점이다. 이것을 통해서도 우리 창조주 하나님의 놀라우심을 볼 수 있다.

그러나 슬프게도, 사단은 미디어를 사용하여 아름다움, 훌륭함 등에 대한 다른 특정한 기준을 만들었다. 그 기준을 "완벽함"으로 정해놓고 나 자신을 그것과 비교하도록 한다. 나에게 그 기준에 맞지 않은 부분이 있으면, 나는 자신이 부족하고 열등하다고 결론짓게 된다.

"나는 재능이 없다. 나는 충분히 똑똑하지 않다. 나는 유능하지 않다. 나는 강하지 않다." 등 자신의 능력, 성격, 외모, 성과를 다른 사람과 비교하기 위해 고군분투하는 것이다. 이것은 직장, 가정, 교회 및 사회 활동에서 사람들에 대한 나의 태도와 행동에 영향을 미칠 수 있다.

"나는 직장 동료들만큼 일을 잘하지 못해. 그들은 나보다 더 성공적이야. 그들은 나보다 나은 그리스도인이야. 그들은 나보다 더 나은 아버지야. 그들은 나보다 나은 지도자야."

자기혐오 = 정의 – 하나님의 자비

자기혐오는 정의에 대한 문제이다. 우리는 삶 속에서 우리가 싫어하는 것을 보고 판단한다. 그들은 자신이 한 잘못이나 자신에 대해 믿는 거짓에 의해서 스스로를 처벌한다.

음란물에 대한 중독을 멈추지 못하는 자신을 미워하는 한 젊은이가 있었다. 그는 자신을 용서할 수 없었고 몇 년간의 투쟁 끝에 결국 자살했다. 자기혐오는 자기 자신에 대해 무자비한 결과를 가져온다. 그것은 그리스도께서 십자가로 인하여 나에게 베푸시는 온전한 용서의 진리를 무시한다.

나의 수치심은 나 자신을 감정적으로나 육체적으로 학대하기도 하고, 수치심에 대한 또 다른 반응은 교만하게 행동함으로써 그것을 은폐한다. 오만하게 자신의 성취를 자랑하면서 속으로는 자신을 미워하는 것이다. 나의 공적 자아 타인에게 자신을 표현하는 방식 는 사적 자아 파괴적인 방식으로 수치심을 표현하는 행위 와 매우 다를 수 있다. 겉으로 보기에 나는 자신감 있고 성공한 것처럼 보일 수 있지만, 개인적으로는 수치심 때문에 중독 예: 음란물, 약물, 분노 등 에 속박될 수 있다.

그러나 나를 대신하신 예수 그리스도의 죽음을 받아들일 때 나는 거룩함과 경건한 확신과 자유 가운데 걸을 수 있다.

6. 당신 자신의 어떤 부분이 부적당하고, 불만스럽고 열등하다고 느끼는가? 이런 부분에서 당신보다 더 낫다고 느끼는 사람들에 대해 당신은 어떻게 반응

하는가?

하나님은 내가 "다른 사람 같이" 되기를 원하지 않으신다. 내가 닮기를 명령받은 분은 그리스도뿐이다. 바울은 사람들에게 "내가 그리스도를 본받는 자 된 것 같이 너희는 나를 본받는 자 되라"고 말한다. 그리스도가 나의 기준이지, 학교 친구, 직장 동료, 이웃, 친구, 형제, 다른 가족, 미디어에서 보여지는 사람들이 기준이 아니다.
많은 문화, 학교, 부모들은 자녀들이 더 잘 하도록 동기부여를 위해 비교의 방법을 사용하기도 한다. 이는 "수치심을 기반으로 한" 동기부여의 방법이다. 이 방법은 자녀들이 하나님이 창조하신 스스로의 모습과 다른 사람들의 다른 모습을 용납하는 능력을 무너뜨린다는 점에서 커다란 위험이 있다.
하나님의 원하심과 기대는 이것이다. 바로 내가 하나님이 주신 능력, 재능, 은사, 성격, 외모를 가진 "주님이 만드신 모습이 되는 것"이다.

7. 우리가 서로를 비교하는 것이 왜 죄인가? 사단은 비교의식을 통해서 어떻게 나의 영혼에 피해를 주는가? 사단은 어떻게 비교의식을 통해서 나와 다른 사람과의 관계에 상처를 주는가?

내가 그동안 믿어왔던 스스로에 대한 거짓들은 상처받거나 거절당하지 않으려고 방어적인 행동을 하는 결과를 낳았다. 이러한 방어적인 행동들은 대부분 죄악된 행동들이고, 속박된 감정들이다. 이는 이사야 61:3에서 언급한 "재"이다.
하나님은 내 속에 있는 이런 재들을 주님의 아름다움으로 바꾸기를 원하신다. 나의 역할은 "나의 재"를 인지하고, 하나님 앞에서 회개하는 것이다 회개는 나의 죄를 고백하고, 나의 마음을 주님께 바쳐 주님의 권세로 나의 행동을 변화시키기를 간구하는 것이다. 나는 고통으로부터 나 스스로를 보호하기 위한 이런 행동들을 이용하는 것을 포기하는 자발적인 마음을 가져야 한다.

믿음이란 순종하는 삶을 살 것을 선택함에 따라 나의 마음을 보호해 주시도록 주님 안에서 믿는 것이다. 하나님께서는 방어적인 행동들(자기 의존)에 의지하여 "어둠 속을 걷기"보다는 주님의 권세와 보호를 의지(주님 의지)하여 "빛 속을 걷기"를 원하신다. 내가 자신을 부정하는 "거짓"이 아닌 "진리" 안에서의 삶을 살 때, 감정의 구속의 재(우울, 공포, 자신감 부족, 분노, 불안)로부터 자유하게 됨을 경험할 것이다.

비교로 인한 또 다른 파괴적인 사고 패턴은 교만이다. 나는 스스로를 다른 사람과 비교하고 어떤 면에서 내가 그들보다 우월하다고 생각한다. 그러나 시편 139:14에 따르면, 우리 모두는 신기하고 놀랍게 창조되었다. 우리 모두 하나님의 형상대로 창조된 것이다. 주님은 내가 그분의 형상을 반영하고 그분의 왕국 목적을 성취할 수 있도록 의도적으로 나를 독특하게 만드셨다. 유일하게 하나님만이 모든 면에서 완전하시고 우월하시다.

8. 자신이 신기하고 놀랍게 창조되었다는 것을 믿지 않는 사람이 인생에서 겪을 수 있는 결과는 어떤 것들인가?

....

....

진리가 너희를 자유케 하리라

하나님의 말씀이 우리의 기준이 되어야 한다. 그 진리의 말씀이 우리의 감정, 경험 그리고 우리 자신이나 다른 사람의 의견보다 진리이다.

 **요한복음 8:32, 시편 119:45**

9. 우리 모두가 신기하고 놀랍게 창조된 진리를 진정으로 믿을 때 어떤 결과가 있

을 수 있는가? 이것이 당신의 자존감에 어떤 영향을 미치는가? 또한 다른 사람들과의 관계에 어떤 영향을 미치는가? 이는 당신이 삶에서 다른 사람에게 말하고, 행동하고, 섬기는 방식에 어떤 영향을 끼치는가?

과거에 우리가 상처를 입었을 때(주로 어린에 처음시절으로 발생한다), 적들은 보통 우리에게 우리 자신에 관한 거짓을 말하기 위해 이런 고통스러운 상황을 이용한다. 아마도 이런 거짓들은 타인의 입, 미디어에 의해 말해지거나 우리 스스로 결론 내어버린 거짓일 것이다. 사실 사단은 우리의 생각 속에 이런 거짓을 말한다. 이 거짓들이 우리의 생각에 심겨져 우리의 행동에도 영향을 끼친다.

10. 만약 당신이 자신에 대한 거부감이나 불만족을 겪고 있다면, 이는 어디서 나오는 것인가? 과거의 어떤 경험이 이것에 영향을 끼쳤다고 보는가?

11. 당신은 어떤 거짓을 믿었으며, 이 거짓은 어디서 온 것인가? 뒤에 있는 부록 1의 "나 자신에 관한 거짓말들"을 보라. 그동안 믿었던 자신에 관한 거짓을 적어보라. 당신은 이것들이 진리라고 믿을지도 모르지만, 성경은 분명히 그것들이 모두 거짓이라고 가르치고 있다. 이 중 가장 오래 믿었던 거짓 옆에 "별"을 붙여 보라. 이것은 아마도 나중에 다른 거짓들을 믿게 한 근본적인 거짓일 것이다.

12. 성경에서 당신 자신에 관한 거짓들을 상쇄할 어떤 진리를 찾을 수 있는가? 역시 부록 1의 "나 자신에 관한 진리들"을 참고할 수 있다. 이 진리들을 아래에 적어도 한 가지 성경 구절과 함께 적어보라.

거짓	진리	성경 구절

공동체 나눔

1. 기도는 사단의 거짓에 대항하는 우리의 영적인 무기이다. 당신 자신에 대해 발견한 거짓과 진리를 다음의 기도에 넣어보고, 그리스도 안에서 "나 자신에 관한 진리들"을 믿음으로 선포하고 거짓을 끊는 기도를 해보라. 한 사람씩 나눈 후에 그 사람을 위해 함께 기도하라. 하나님께 각 사람을 속박에서 자유롭게 하고, 진리 가운데 살 수 있도록 기도하라.

고백하고 포기하는 기도

예수님의 이름으로 나는 내가 믿었던 내 자신에 대한 이름인 ____________ (예: 악함, 부족함, 실패, 가치 없는 등)을 거절합니다. 예수님의 이름으로 명하노니 ____________ (예: 부모님이 이혼했을 때, 엄마 뱃속에서부터 생긴 두려움, 초등학교 때 생긴 열등감, 결핍, 악함, 상처)를 믿게 한 악한 영은 떠나갈지어다! (평강과 확신이 올 때까지 계속 외친다.) 내가 이 이름을 받아들였을 때 사단이 얻었을지도 모르는 어떠한 근거도 철회합니다. 그리고 나는 ____________ (예: 넉넉히 이기는 자, 신기하고 놀랍게 창조된 자, 가치있는 자, 하나님의 아들, 하나님의 기쁨, 하나님의 친구, 존귀한 자, 소중한 자, 보배로운 자, 선택된 자)라는 주님이 내게 주신 의로운 이름을 믿습니다. 예수님의 이름으로 자유를 선포합니다. 예수님의 이름으로 기도합니다. 아멘.

기도를 통한 죄의 회개

자신에 대한 거짓 메시지를 믿는 것은 매우 고통스러운 일이다. 나는 마음속으로 원수의 거짓 메시지를 믿으면서도 그 거짓 메시지를 대면하기를 원하지 않는다. 따라서 나는 이러한 거짓 메시지를 직면하지 않도록 자신을 보호하기 위한 행동을 개발한다. 나는 다른 사람들이 나에게 이러한 거짓 메시지를 말하지 못하도록 방어벽을 세운다. 나는 실패로부터 자신을 보호하고 상처를 받거나 다른 사람에게 상처를 주지 않으려고 보호 행동을 취한다.

2. 당신 자신에 대한 이러한 거짓들을 믿어서 생겨난 죄악된 행위들은 어떤 것들이 있는가? 나의 삶 속에서 취할 수 있는 죄악된 보호 행동들은 다음과 같다. 아래에서 나타난 감정의 속박 중에 현재 또는 과거에 경험했던 것이 있으면 밑줄을 치라. 그리고 하나님께 죄악된 행위를 회개하며 사단에게 틈을 주었던 길에서 돌이키는 기도를 하라.

교만, 분노, 이기심, 비교, 비난, 비방, 질투, 중독(게임, 인터넷 쇼핑, 돈 쓰기, 취미, 외모 가꾸기, 운동, 과식 등), 일중독, 음란한 생각, 음란물, 간음, 자위행위, 약물남용(마약, 술), 우상숭배, 주술(미술, 점술, 사탄숭배, 미신적 행위 등), 하나님이 원하시는 일을 위해 믿음으로 나아가지 못하는 것, 자기혐오(자신 또는 타인에 대한), 섭식 장애(거식증, 폭식증, 과식), 무관심, 게으름, 불만, 용서하지 못함, 괴로움, 자해(절단 등), 자살 충동 등.

회개 기도

나의 죄악된 행위 ______________________ (예: 불신, 용서하지 못한 것, 질투, 비교의식, 다른 사람에게 방어벽 쌓는 것, 우상숭배 등)를 고백합니다. 이 죄악된 행위를 회개하고 나의 보호자, 공급자, 그리고 나의 필요와 갈급함을 만족하게 하시는 주님께 돌아갑니다. 예수님의 이름으로 이 죄악된 행위를 통해서 사단이 얻었을지도 모르는 어떠한 근거도 철회합니다. 이 죄악된 행위에 다시 빠지지 않고 승리할 수 있게 하시는 성령의 능력과 충만함을 기도합니다. 예수님의 이름으로 기도합니다. 아멘.

하나님의 백성에게 자유를 주시는 메시지

"주 여호와의 영이 내게 내리셨으니 이는 여호와께서 내게 기름을 부으사 가난한 자에게 아름다운 소식을 전하게 하려 하심이라 나를 보내사 마음이 상한 자를 고치며 포로된 자에게 자유를, 갇힌 자에게 놓임을 선포하며 여호와의 은혜의 해와 우리 하나님의 보복의 날을 선포하여 모든 슬픈 자를 위로하되 무릇 시온에서 슬퍼하는 자에게 화관을 주어 그 재를 대신하며 기쁨의 기름으로 그 슬픔을 대신하며 찬송의 옷으로 그 근심을 대신하시고 그들이 의의 나무 곧 여호와께서 심으신 그 영광을 나타낼 자라 일컬음을 받게 하려 하심이라" 이사야 61:1-3

이사야 61장은 그분의 백성에게 자유를 주시는 그리스도에 관한 예언적인 메시지이다. 사도 베드로는 우리가 그분의 백성이라고 단언한다 베드로전서 2:9-10.

주님은 "마음이 상한 자를 고치며 포로 된 자에게 자유를, 갇힌 자에게 놓임을 전파"하기 위해 오셨다. 그분은 나를 죄의 포로 상태에서 해방하시기를 원하신다. 그분은 나에게 "재 대신 화관"을 주실 것이라고 말씀하셨다. 이 구절에서 언급되는 "재"는 나를 보호하는 보호 행동들이다. 하나님은 이 "재"를 그분의 아름다움으로 바꾸기를 원하신다.

내가 할 일은 이 "재"를 인정하고 하나님 앞에서 회개하는 것이다. 회개는 나의 죄를 고백하고 하나님께 나의 마음을 바치고, 그분의 권능을 통해 나의 행동을 변화시켜 달라고 요청하는 것이다.

나는 고통으로부터 나 자신을 보호하기 위해 이러한 보호 행동을 사용하는 것을 포기할 의지가 있어야 한다. 믿음은 내가 순종하는 삶을 살기로 선택하면서 하나님께서 나의 마음을 지켜주실 것을 신뢰하는 것이다.

하나님은 내가 자신을 보호하면서 어두움 가운데 있는 대신 즉, 자신을 의존 하나님의 능력과 권능과 보호하심을 의지하여 빛 가운데 행하기를 원하신다 즉, 하나님 의존. 내가 스스로를 거부하는 거짓이 아닌, 진리 안에서 걸을 때 나는 감정적, 육체적, 영적 속박의 잿더미에서 자유를 경험하게 될 것이다.

3. 1과를 공부하면서 하나님께서 당신의 마음에 주신 새 이름은 무엇인가?

과제

1. 당신 자신에 대해 믿어왔던 거짓들을 대적할 수 있는 성경 구절들을 적어서 항상 볼 수 있는 곳에 붙여 놓으라. 이번 주간 동안에 그 구절들을 묵상(가능하면 암송)하라.
2. 다음 과를 준비한다.
3. 당신의 그룹원들이 이번 주간 동안 그들 자신에 대해 믿어왔던 거짓들과 죄악된 행위들에서 자유로워지기를 위해 기도한다.

2 가치 있고 존귀한 남성들

네가 내 눈에 보배롭고 존귀하며 내가 너를 사랑하였은즉… _이사야 43:4

시작

당신이 어린아이였을 때 매우 소중했던 것은 무엇이었는가? 왜 소중했는가? 그 소중한 것을 다른 것들과는 어떻게 구별하여 다루었는가?

....

....

존귀한 남성

나에게 소중하고 중요한 것이 나의 우선순위가 된다. 나는 그들에게 관심을 기울인다. 나는 그들을 소중히 여기고 보호한다.

내가 어렸을 때 내 보물 중 하나는 나의 첫 기타였다. 아버지가 나를 위해 기타를 사주셨을 때 나는 멋지고 새로운 기타를 갖게 되어 기뻤다. 다들 조심히 다루라고 했다. 그런데 급한 마음에 기타 케이스를 끝까지 닫지 않아서 안타까운 일이 발생했다. 닫힌 줄 알고 들어올린 케이스에서 기타가 떨어졌고 기타는 움푹 패었다.

기타가 나의 보물이었던 것처럼 나는 하나님의 보물이다. 슬프게도 우리는 종종 자신을 제대로 돌보지 않는다. 내 마음에는 내가 내린 나쁜 결정으로 인해 찌그러지고 긁힌 자국이 있다. 감사한 것은 하나님은 나를 매우 소중하게 여기시기 때문에 나를 치유하기 위해서 손을 내미신다. 그분은 당신의 아들을 보내시고 그의 죽음을 통해서 나에게 영생의 길을 마련해 주셨다.

나는 아버지께 영광을 받는다. 하나님은 내가 그분을 다르는 부르심을 받기를 원하신다. 내가 그분의 형상을 지니고 마음과 행동에서 그분을 닮는 것이 그분의 원하는 것이다. 내가 세상의 소금과 빛이 되고 나를 통해 영광을 받으시려는 것이 그분의 계획이었다. 그분은 나의 마음을 질투하신다. 그분은 나를 선택하셨다. 그분은 나에게 자유를 누리고 다른 사람들의 자유를 위해서 싸우라고 부르셨다.

원수는 나를 쓸모없게 만들려고 할 것이다. 사단은 내가 스스로를 고치려고 노력함으로써 나의 초점을 내면에 두게 한다. 이러한 사고방식은 내가 효과적으로 복음 전하는 것을 방해한다. 사단은 내가 예수 안에 있는 진리를 붙잡는 것을 원하지 않는다. 마귀는 그리스도 안에서 자유를 발견한 사람들을 두려워한다. 그래서 거짓의 아비는 자기가 제일 잘하는 일을 한다. 그는 나에게 거짓 메시지를 전한다. "나는 가치가 없어"라는 거짓 메시지와 씨름하는 자들은 다음과 같은 말들을 들을 수 있다.

"나는 쓸모가 없어.", "나는 부족해.", "나는 실패자야."

이러한 메시지를 전달하는 가정이나 환경에서 자라난 아이는 성인이 되어서도 이러한 생각들과 씨름을 할 것이다. 나는 끊임없이 자신을 다른 사람과 비교하고 부족한 자신을 발견할 것이다.

남자로서 우리는 남자다움을 증명하고 싶어 한다. 남성성에 대한 검증을 받고 싶어 하는 것이다. 내가 그리스도 안에 있는 나의 정체성 안에 거하지 않는다면, 나는 다른 곳에서 검증을 받으려고 할 것이다. 남성처럼 느끼거나 남성처럼 행동하는 방법을 찾을 것이다. 내가 귀하고 존귀한 사람이라는 하나님 아버지의 말씀을 들을 수 있기를 기도한다. 하나님께서는 나를 위한 목적을 갖고 계신다. 그분은 나를 사랑하시고 나를 통해 그분의 이름이 영화롭게 되기를 원하신다.

베드로전서 2:4-6, 에베소서 2:19-22

베드로전서에서 내가 그리스도 예수이신 모퉁이 돌 위에 지어진 "산 돌"이라는 것을 알 수 있다. 이 본문의 형상화는 매우 강력하다. 모퉁이 돌 위에서 쉬는 모든 돌은 "무게를 견디는 돌"이 없어진다면 부스러질 것이다. 그리스도는 나를 "떠받치는" 분이시다.

산 돌과 왕 같은 제사장

산 돌로서의 나는 하나님 위에서 쉬고, 하나님을 신뢰하고, 우리 짐의 무게를 짊어지시도록 해야 한다. 이 말씀을 읽으면서 장대하고 거룩한 하나님의 성전을 세우는 귀한 돌인 우리가 얼마나 중요한지의 아름다운 그림을 보게 된다.

1. 위 본문은 우리가 자신을 어떤 면에서 그리스도와 동일시하도록 요구하고 있는가? 우리도 역시 "산 돌"이라는 것은 무엇을 의미하는가? 하나님의 성전을 짓는 귀중한 돌이 어떤 모습으로 보일 거라고 상상하는가?

소중한 돌로서의 나는 주님께 귀하고, 독특하며, 값지고, 아름다운 장식이다. 우리 각자는 하나님의 장대한 아름다움을 전시하기 위해 주님에 의해 조심스럽게 손으로 깎아졌다. 각자 하나님께서 우리에게 주신 영적인 은사, 재능, 성격을 사용하면서 다같이 함께 일함에 따라, 우리는 세상에 대한 하나님의 멋진 속성을 드러낼 것이다.

2. "너희는 너희가 하나님의 성전인 것과 하나님의 성령이 너희 안에 계시는 것을 알지 못하느냐" 고린도전서 3:16. 이 진리를 아는 것이 당신의 행동에 어떤 영향을 끼치는가?

"그러나 너희는 택하신 족속이요 왕 같은 제사장들이요 거룩한 나라요 그의 소유가 된 백성이니 이는 너희를 어두운 데서 불러 내어 그의 기이한 빛에 들어가게 하신 이의 아름다운 덕을 선포하게 하려 하심이라" 베드로전서 2:9.

3. 당신이 하나님의 거룩한 제사장이라는 것이 어떤 의미인지 적어보라. 하나님의 제사장으로서의 당신의 책임은 무엇인가? 베드로전서 2:9 말씀이 당신이 중요하고 영광스럽다는 것을 어떻게 보여주고 있는가?

하나님을 다른 사람들에게 바르게 나타내기 위해서 나는 내 안에 거하시는 성령님께 의지할 필요가 있다. 나의 힘으로 "제사장의 역할"을 하려는 노력을 하지 않는 것이 중요하다. 나는 반드시 하나님의 제사장으로서의 중요한 소명을 다할 수 있도록 하나님의 영이 나를 채우고 강하게 하시기를 매일 기도해야 한다.

베드로전서 2:5은 내가 거룩한 제사장이 되기 위해 "(집) 짓는데 쓰인다"고 말하고 있다. 이는 내가 거룩한 예배자 및 제사장이 되는 변화의 과정에 있다는 뜻이다. 구약에서 우리는 "제사장은 성소에서 섬기고, 향의 제단에서 대신 기도를 해주고, 사람들을 가르치고, 축복하고, 하나님의 뜻을 밝히고, 사람들을 대신해 제사를 지냈습니다"라고 배운다 (Beth Moore의「여인의 마음, 주님의 거처」 141p).

베드로가 믿는 자들에게 이 편지를 썼을 때 베드로는 믿는 자들이 하나님을 나타내는 거룩한 제사장이며, 따라서 이는 엄청난 영광이고, 높으신 부르심이며, 존경받고 귀한 자리임을 설명했고, 그들은 이해하였다.

가치 있는 남성

4. 베드로전서 2:9-10을 읽어보라. 나를 신자로 묘사하기 위해 베드로가 사용하는 단어 말씀 들은 어떤 것이 있는가?

5. 이것들은 소중한 사람을 묘사하는 단어 말씀 들이다. 각 단어를 보고, 그 단어가 어떻게 하나님 눈에 비친 나의 가치와 소중함을 전달해 주는지 나눠보라.

6. 이 중 어떤 말씀이 당신에게 가장 큰 격려가 되고, 그 이유는 무엇인가?

"네가 내 눈에 보배롭고 존귀하며 내가 너를 사랑하였은즉 …" 이사야 43:4.

7. 당신은 자신을 어떻게 보는가? 다음 중 어떤 부분을 당신은 받아들이는가, 아니면 거부하는가? "그의 보시기에 귀중하다", "그의 보시기에 높여진다", "하나님께 사랑받는다."

앞에서 나는 내가 나의 남자다움을 증명하는 것을 좋아한다고 언급했다. 내가 그리스도로부터 나의 가치와 중요성을 갖지 못한다면 나는 나의 경력, 부 또는 다른 사람들로부터의 인정과 같은 다른 방법으로 그것을 찾을 것이다. 나는 권한이 있거나 중요하다고 느끼기 위해 다른 사람을 통제하고, 정욕적인 활동, 분노 및 학대와 같은 파괴적인 방법을 사용할 수도 있다.

학대는 일반적으로는 이야기되지 않는 주요 문제이다. 학대의 네 가지 주요 유형은 신체적, 언어적, 성적, 정서적 학대이다.

"전 세계적으로 여성의 35%가 신체적으로 혹은 성적으로 폭력을 당한 경험이 있다고 합니다. 일부 국가의 연구에 따르면 그 수가 여성의 70%에 달할 수도 있습니다"(UNWomen.org, 2020).

그러한 행동을 합리화하기는 쉽지만, 우리는 정직해야 하며, 다른 사람에게 온화해야 한다. 나보다 육체적으로 약한 사람들을 먹이로 삼는 것이 너무 쉬울 수 있지만, 남성들이여, 우리는 성령의 사랑을 나타내야 할 것이다.

갈라디아서 3:28에서 바울은 "너희는 유대인이나 헬라인이나 종이나 자유인이나 남자나 여자나 다 그리스도 예수 안에서 하나이니라"라고 말한다. 요한복음 4:4-42에서 우리는 사마리아의 부정한 여인에게 사랑, 관용, 구원을 베푸신 예수님의 아름다운 증거를 읽게 된다.

그 당시의 문화에서 유대인 남자는 사마리아인, 특히 사마리아 여자를 업신여기고 말도 걸지 말아야 했다. 그러나 예수님은 사마리아 여인에게 말을 거셨을 뿐만 아니라, 복음을 전하셨고, 여인에게 다른 사람들에게도 복음을 전하라고 하셨다. 하나님의 왕국에서는 이처럼 모든 믿는 자들이 귀하고, 영광되고, 사랑받는다.

거부되는 것에 대한 두려움으로부터의 해방

베드로전서 2:4은 산 돌로서 내가 사람들에게 거부당할 것이라는 점을 인정하고 있다. 하지만 베드로는 이 고통스러운 현실에 내가 하나님께 택함받았고, 그에게 귀중한 존재이며, 거룩한 제사장으로 지어져 가고 있다는 진리로 대응한다. 다른 사람들에게 거부당한다고 느낄 때, 당신은 어떻게 반응하는가?

하나님께서 온전히 나를 받아주시고 거절하거나 버려두지 않으신다는 진리를 아는 것은 나에게 힘을 주고, 주위 사람들을 대면할 수 있는 자신감을 준다.

8. 지금도 당신에게 영향을 미치는 과거 및 현재 상황에서 거부당한 경험이 있는가? 그것이 어떤 식으로 영향을 끼치고 있는가? 다른 사람과 관계 맺는 데에 어떤 영향이 있는가?

....

....

9. 당신은 하나님께 거부당함, 잊혀짐, 형벌을 받고 있음, 아니면 외면당하고 있다고 한 번이라도 느낀 적이 있는가? 있었다면 왜 있었는지, 없었다면 왜 없다고 생각하는가?

....

....

10. 이사야 41:9-10을 함께 읽어라. 본문 말씀에 의하면, 나는 하나님께 거부당하거나 잊혀질까봐 두려워할 필요가 있는가? 어느 구절들에서 하나님의 용납과 사랑이 강조되어 있는가?

....

....

내가 어려움, 외로운 시간, 하나님으로부터 멀리 있는 시간을 겪을 때, 사단은 종종 나에게 하나님을 비난하도록 시험할 것이다. 하나님의 말씀은 분명하게 언제나 "환난 중에 만날 큰 도움이시라"(시편 46:1)라고 말씀하신다. 나는 "내가 결코 너희를 버리지 아니하고 너희를 떠나지 아니하리라"(히브리서 13:5)라는 진리에 굳게 서야 한다. 그분의 사랑은 영원하시다. 그분은 나의 반석, 구원자, 피난처 그리고 산성이시다.

이런 시기를 지날 때에 도움이 되는 말씀은 시편 18, 23, 27, 30, 34, 46, 61-63, 84, 91, 139편 등이 있다. 이번 주에는 개인 시간에 이 시편들을 읽어보는 것이 좋을 것이다.

11. 내가 하나님께 전적으로 용납되며, 절대로 거부당하지 않는다는 사실을 아는 것이 나의 매일의 삶에 어떻게 도움이 되는가?

....

....

누구도 거부당하는 것에서 자유하지 않다. 우리는 모두 어느 때엔가는 다른 사람들로부터 거부당하는 일을 겪을 수 있다. 하지만 우리는 거부당하는 것에 대한 두려움으로부터 자유할 수 있다. 내가 그리스도 안에 있고, 그분께서 나를 얼마나 흠모하시고 귀히 여기시는가를 확신하면, 나는 거부당할까봐 두려워 다른 사람을 향해 세워 놓은 방어벽으로부터 자유로워질 수 있다. 그리스도의 능력이 나를 좀 더 그리스도께서 하시는 것 같은 방식으로 다른 사람들을 사랑할 수 있게 해 주실 것이다. 우리는 다른 사람들과 두려움보다는 신뢰에서 우러나오는 관계를 맺게 될 것이다.

내가 다른 사람으로부터의 거절을 두려워하며 살 때, 나는 그리스도의 사랑으로 다른 사람들을 사랑할 수 없는 행동으로 대처하게 된다.

12. 당신의 마음을 하나님이 보호하신다는 믿음보다는 거절에 대한 두려움 때문에 맺는 관계에는 어떤 모습이 보이는가? 아래와 같은 모습으로 나타날 수 있다. 당신에게 해당하는 단어에 밑줄을 그어보라.

자기 보호의 행동들은 분노, 거절, 교묘한 자기 합리화, 우월감, 지배욕, 회피, 침묵 일관, 수동적 태도, 극적 사건 묘사나 반응, 공격성, 질투, 험담, 부정적 사고, 지나친 농담, 노골적인 태도, 과도한 수다, 상대방에 대한 지나친 요구, 소유욕 등

남성의 두려움

지배와 수동성은 사람들이 믿음 대신 두려움으로 다른 사람들과 관계를 맺는 두 가지 주요 방식이다. 래리 크랩은 그의 저서, 「Men of Courage」에서 인간관계가 어떻게 내가 혼돈을 경험하는 장소인가에 대해 이야기한다. 나는 내가 이해하지 못하고 통제할 수 없는 것 나의 상황, 환경 또는 사람 을 두려워한다. 이러한 두려움 때문에 일부 남성들은 지배력을 사용하여 다른 사람이 자신의 방식대로 보거나 행동하도록 강요한다. 어떤 사람들은 자신이 통제할 수 없는 조건이나 관계에 개입하지 않고 참여하지 않으려고 수동적으로 행동한다. 두 방법 다 다른 사람과의 관계를 맺는 그리스도의 방법은 아니다.

> "형제들아 너희가 자유를 위하여 부르심을 입었으나 그러나 그 자유로 육체의 기회를 삼지 말고 오직 사랑으로 서로 종노릇 하라 온 율법은 네 이웃 사랑하기를 네 자신 같이 하라 하신 한 말씀에 이루어졌나니 만일 서로 물고 먹으면 피차 멸망할까 조심하라" 갈라디아서 5:13-15

공동체 나눔

1. 자신이 믿음이 아닌, 두려움을 갖게 하는 인간관계가 있는지 하나님께 기도하고 질문해보라. 하나님께 그것들을 고백하고, 그 사람을 그리스도의 사랑으로 사랑할 수 있는 능력과 용기를 달라고 주님께 간구하라. 두려움이 아닌, 믿음으로 그 사람들을 대하면 어떨 것 같은가?

2. 과거에 자신이 거절을 당해 깊이 상처를 받았다면, 이는 사단이 두려움의 나쁜 영으로 우리를 억압하도록 길을 열어 줄 수 있다. 만약 당신이 거절의 두려움 속에서 살아온 것을 느낀다면, 당신의 마음과 영에 영향을 미치는 사단의 힘인 두려움을 끊어버리도록 기도할 수 있다. 다음의 기도를 응용해보라.

고백하고 포기하는 기도

예수님의 이름으로 나는 내가 믿었던 내 자신에 관한 이름인 ______________ (예: 쓸모없음, 부족함, 실패자, 나쁨, 바보, 하찮은 존재, 애처로움 등)을 거절합니다. 예수님의 이름으로 명하노니 ______________________ (예: 부모님이 이혼했을 때, 엄마 뱃속에서부터 생긴 두려움, 초등학교 때 생긴 열등감, 결핍, 약함, 상처) 를 믿게 한 악한 영은 떠나갈지어다! (평강과 확신이 올 때까지 계속 외친다.) 내가 이 이름을 받아들였을 때 사단이 얻었을지도 모르는 어떠한 근거도 철회합니다. 그리고 나는 ______________ ______________ (예: 넉넉히 이기는 자, 신기하고 놀랍게 창조된 자, 가치있는 자, 하나님의 아들, 하나님의 기쁨, 하나님의 친구, 존귀한 자, 소중한 자, 보배로운 자, 선택된 자) 라는 주님이 내게 주신 의로운 이름을 믿습니다. 예수님의 이름으로 자유를 선포합니다. 예수님의 이름으로 기도합니다. 아멘

3. 2과를 공부한 결과, 당신 자신에 대해 믿는 거짓들을 발견했다면 예를 들어, "나는 쓸모없는 사람이야", "나는 귀하지 않아", "나는 중요하지 않아", "나는 다른 사람들에 비해 잘난 것이 없어", "나는 다른 사람들처럼 훌륭하지 않아" 등 위의 기도로 기도하고, 거짓들을 받아들이지 않으며, 그리스도 안에서 자신이 누구인지에 대한 진리로 그것들을 대체하라.

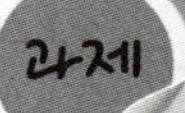

1. 당신이 존귀하게 여김을 받고, 그의 보시기에 귀중하고, 가치가 있고, 사랑받음을 이번 주 내내 찬양하라.
2. 다음 과를 준비한다.
3. 그룹의 다른 사람들이 자신들을 소중하고, 존귀하고, 사랑받는 자로 여기는 승리를 누리도록 서로를 위해서 기도하라. 또한 다른 사람들에게 두려움이 아닌, 믿음으로 반응할 수 있도록 기도하라.

3 의로움을 입다

… 이는 그가 구원의 옷을 내게 입히시며 공의의 겉옷을 내게 더하심이… _이사야 61:10

시작

어떤 팀에 소속되어 있거나 소속한 적이 있었는가? 그 팀의 일원이 된 기분이 어떠했는지 설명해 보라. 본인이 누구인지 어떻게 확인했는가? 예: 유니폼, 팀 이름 또는 마스코트

군인과 운동선수는 유니폼으로 식별한다. 하나님의 왕국에서 우리는 그리스도를 믿음으로 말미암아 의의 옷으로 식별된다. 이 의복은 우리가 벗지 않는 의복이다. 이 옷은 결코 죄로 더럽혀질 수 없다. 나는 깨끗하며 용서받았다.

그리스도의 의는 나를 변화시키고 능력을 주어 내가 날마다 자유와 승리 가운데 걸을 수 있도록 한다. 나는 과거의 부끄러움과 실패를 버릴 수 있다. 내가 어떻게 과거의 나로부터 자유할 수 있는지 살펴볼 때 나는 그리스도 안에서 나의 새로운 정체성과 승리를 주장할 수 있을 것이다.

하나님은 나를 보실 때 내가 그분의 자녀인 것을 보신다. 하나님은 나에게 어떤 팀의 정체성보다 더 큰 정체성을 주신다. 하나님은 나에게 결코 파괴될 수 없는 정체성을 부여한다. 원수는 내가 죄에 얽매여 나 자신에게만 집중하기를 원한다는 사실을 기억하라. 그러므로 나는 매일 그리스도 안에서 나의 새로운 정체성을 찾고 주장하면서 그분의 길을 걸어야 할 것이다.

죄의 결과

"이에 그들의 눈이 밝아져 자기들이 벗은 줄을 알고 무화과나무 잎을 엮어 치마를 삼았더라. 그들이 그 날 바람이 불 때 동산에 거니시는 여호와 하나님의 소리를 듣고 아담과 그의 아내가 여호와 하나님의 낯을 피하여 동산 나무 사이에 숨은지라" 창세기 3:7-8.

에덴동산에서 하와는 금단의 열매를 먹었다. 그런 다음 그녀는 그것을 아담에게 주고 먹게 했다. 그들 둘 다 하나님께 불순종했을 때 어떤 일이 일어났는지 주목하라. 아담과 하와는 몇 가지 부정적인 결과를 겪었다. 그들은 두려워했고, 그들이 벌거벗음을 알게 되었다. 그들은 부끄러워했고, 이제 죽음을 경험하게 되었다. 두려움은 종종 죄의 결과이다.

생각해 보라. 갑자기 강도가 당신에게 총구를 겨눈다면 두려움을 느끼지 않겠는가? 먼저 죄가 있었고, 그다음에 두려움이 생겼다. 아이가 가게에서 물건을 훔치고 몰래 빠져나오려고 할 때 두려움이 생기는가? 그렇다. 물건을 훔치는 죄가 있었고, 그리고 들키지 않으려는 두려움이 있었다.

1. 당신은 죄의 결과로 온 두려움을 어떻게 경험했는가?

....

....

"여호와 하나님이 아담과 그의 아내를 위하여 가죽옷을 지어 입히시니라" 창세기 3:21.

하나님은 아담과 하와의 벌거벗음을 가려주심으로 그들을 부분적으로 회복시키셨다. 하나님은 아담과 하와에게 옷을 지어 입혀 그들의 수치를 없애셨다.

아담과 하와의 죄의 결과에는 두려움, 수치심, 소외감, 벌거벗음을 느끼고 경험했다. 나도 죄를 지을 때 이러한 경험을 한다. 예수님은 알몸으로 십자가에 못 박히셨다. 예수님에게는 많은 십자가 그림에서 볼 수 있는 들보조차 없었다.

예수님은 인류의 죄에 대한 하나님의 진노를 참으시면서 궁극적인 두려움을 경험하셨다. 예수님은 아버지께 버림받음으로써 궁극적인 소외감을 느끼셨다. 예수님은 "나의 하나님, 나의 하나님, 어찌하여 나를 버리셨나이까?"라고 부르짖으셨다 마태복음 27:46. 예수님은 벌거벗음과 부끄러움을 당하심으로 나는 죄의 추악한 결과를 경험하지 않게 된 것이다 히브리서 12:2 참조.

의의 의복

"…찬송의 옷으로 그 근심을 대신하시고…" 이사야 61:3.

"내가 여호와로 말미암아 크게 기뻐하며 내 영혼이 나의 하나님으로 말미암아 즐거워하리니 이는 그가 구원의 옷을 내게 입히시며 공의의 겉옷을 내게 더하심이 신랑이 사모를 쓰며 신부가 자기 보석으로 단장함 같게 하셨음이라" 이사야 61:10.

이사야 61:10은 3절에서 말한 찬송의 옷이 구원의 의복이고, 의의 의복임을 설명해 준다. 의복이란 내가 입으려고 선택하는 것이다. 하나님께서는 그리스도가 십자가에서 피를 흘리셨기 때문에 당신에게 그의 의의 옷을 주신다. 하나님은 당신이 이를 받아들여 영생을 얻기만을 원하시는 것이 아니라, 그가 당신을 용서해서 그의 눈에 당신이 의롭게 거룩하고 순전하게 되었음을 당신이 날마다 받아들이기를 원하신다.

이사야 61:10 시작 부분에서 "내가 여호와로 말미암아 크게 기뻐하며 내 영혼이 나의 하나님으로 말미암아 즐거워하리니…"라고 되어 있다.

내가 의의 의복을 받아들일 때 즐거움이 내 마음에 찾아온다.

3절에서는, 이 옷은 찬송의 옷이라고 말한다. 찬송은 나의 용서, 의, 구원이라는 진리 가운데 걸음으로써 오는 결과이다.

2. 골로새서 2:13–14을 읽어라. 이 말씀에 의하면, 우리의 과거나 혹은 현재의 삶에 그리스도께서 용서하지 않은 죄가 있는가?

바울은 그리스도께서 우리를 거스르고 불리하게 하는 법조문으로 쓴 증서를 십자가에 못 박아 깨끗이 지우시고 제하여 버렸다고 설명한다 골로새서 2:14.

바울이 편지를 기록했던 그 시대에는 죄수가 지은 죄의 형을 살 때, 죄는 이에 대한 처벌과 함께 문서에 쓰여지고, 이는 감옥 문에 못으로 박아졌다. 형을 다 마치면 문서에 "형을 다 마쳤음"이라고 표시되고, 정부 관리는 그것에 직인을 찍었다. 이 사람은 가는 곳마다 이것을 가지고 다니면서 누구라도 과거의 죄로 자신을 다시 고발하면 이 문서를 보여주어 형을 다 마쳤고, 사면받았음을 보여주었다.

그러므로 이 말씀에서 나는 나의 죄의 형벌이 적힌 것이 십자가에 못 박히고, 그리스도께서 나의 모든 죄에 대한 대가를 치렀음을 알 수 있다. 십자가에서의 그리스도의 죽음에 대한 나의 믿음을 통해 나는 나의 빚이 청산되었고, 자유를 얻었으며, 온전히 용서받았음을 알 수 있다!

이사야 61:1에서, 그리스도에 대한 예언이 나와 있다. "…여호와께서 내게 기름을 부으사 가난한 자에게 아름다운 소식을 전하게 하려 하심이라 나를 보내사 마음이 상한 자를 고치며, 포로된 자에게 자유를, 갇힌 자에게 놓임을 선포하게 하셨다." 나는 어둠의 포로였고, 나의 죄 쇠사슬에 묶여 있었다. 그러나 그리스도는 나를 자유롭게 하시고, 어둠에서 나를 건져내어 하나님의 놀라운 빛으로 인도하셨다.

로마서 8:1 말씀은 "그러므로 이제 그리스도 예수 안에 있는 자에게는 결코 정죄함이 없나니"라고 말한다.

용서는 우리를 변화시킨다

다윗은 그가 밧세바와 간음하고 그녀의 남편을 살인한 죄를 짓고 난 후, 나단 선지자가 그에게 책망한 직후에 시편 51편을 썼다.

시편 51:1-17

3. 나단 선지자가 그에게 책망한 후, 자신의 죄에 대한 다윗의 태도는 어떠했는가?

4. 다윗은 하나님을 어떻게 생각했고, 하나님과의 관계를 어떻게 생각했는가?

5. 다윗이 하나님께 간구한 모든 것을 적어보라.

6. 당신의 죄에 관해 들키거나 다른 사람과 직면해야 할 때, 당신은 어떻게 반응하는가? 나의 반응은 여러 가지로 나타날 수 있다. 안타깝게도 육신 안에서 나는 부인하고, 정당화 하기를 원하며, "모든 것이 바람에 사라질 것"을 희망하고, 다른 사람들을 탓하고, 나와 맞서는 사람과 다툰다. 만약 내가 질책을 비천한 마음으로 받아들이게 되면, 나는 정죄함, 스스로를 벌함, 절망, 자기 증오, 포기하고 그만두고 싶은 사단의 덫에 쉽게 걸릴 수 있다. 보통, 당신의 반응은 어떤 것인가?

....

....

다윗은 경건한 태도로 반응한 훌륭한 예를 보여준다.

첫째, 다윗은 질책을 받은 후, 하나님 앞에서 겸손히 죄를 인정한다. 하나님께서 "그의 모든 죄를 씻어줄 수 있다"고 믿고, 용서를 구하며 부르짖었다. 스스로 정죄감에 빠지는 대신, 다윗은 죄에 빠져 하나님께 등을 돌린 사람들을 도울 수 있도록 하나님께 자신의 마음을 기쁨으로 새롭게 해달라고 간구한다. 다윗은 자신을 벌주지 않고 오히려 하나님께서 자기를 용서하고 자기정죄가 아닌, 겸손하고 내어드린 마음을 원하신다는 것을 받아들인다.

시편 51편 끝에서 다윗은 하나님께서 "희생"을 원하시기보다는 깨어진 영혼을 원하신다는 것을 알고 있다. 요즘 시대에서 이는 하나님께서 내 마음 안의 동기와 하나님을 기쁘시게 하고 따르는, 겸손하고 깊이 뉘우치는 마음에 관심이 있으시다는 의미이다. 하나님께서는 나의 개인적인 삶이 죄로 가득 차 있는 상태에서 시간, 물질, 크리스천의 활동과 사역에 바치는 것에 관심을 두지 않으신다. 죄의 고백과 진정한 회개가 하나님께서 바라시는 것이고, 내가 죄에 대해 승리할 수 있도록 돕는데 헌신적이시다. 만일 당신이 이미 고백은 했지만, 자유를 찾지 못한 죄에 구속되어 있다면 당신과 상담하고 기도해주며 당신을 사랑으로 케어할 수 있는 성숙한 믿음을 가진 사람과 대화하기를 권한다.

7. 시편 51편 중간 부분에서 왜 다윗이 이렇게 기도한다고 생각하는가? "주께서는 중심이 진실함을 원하시오니 내게 지혜를 은밀히 가르치시리이다."

....

....

8. 당신이 죄를 지을 때, 하나님의 반응과 당신을 향한 감정의 방식에 대해 어떤 거짓을 때때로 믿고 있는가? 내가 죄를 지을 때 주님께서 어떻게 반응하시는지에 대해 말씀을 통해 내가 배우는 진리는 무엇인가?

....

....

고린도전서 13장에서 나는 하나님의 사랑은 인내심 있고, 친절하며, 쉽게 화내지 않고, 잘못을 기억하지 않는다는 것임을 알게 된다. 그동안 만났던 사람 중에 가장 인내심 많은 사람을 생각해 보고, 그 인내심에 반복해서 백만을 곱한 것이 하나님의 성품이라는 것을 상상해 보도록 하라.

하나님께서 단 한 번이라도 이기적인 이유로 나를 훈육하시는 것은 불가능하다. 하나님의 본질은 이타적인 사랑이다. 가혹한 화는 이기적인 목적에서 나온다. 자녀들을 향한 하나님의 화는 항상 공정하고, 올바르며, 참을성이 많다. 또한 하나님께서는 묵묵부답, 수치스러운 말, 용서하지 않음, 두려움 조성, 모욕 같은 교묘히 조종하는 방법을 사용하지 않으신다. 자녀들을 향한 하나님의 훈련과 하나님을 따르지 않는 자들을 향한 분노와 벌을 혼동하지 마라.

히브리서 12:5-11 말씀은 자녀를 향한 하나님의 훈련은 거룩함, 평화, 의를 가져오기 위하고, 나를 위한 것임을 알려준다. 이는 가혹하지 않으며, 사랑, 진리,

친절, 그리고 나를 위한 지혜로 가득 차 있다.

수치심으로부터의 자유

어떤 사람들은 수치심으로 인해 순종의 동기를 부여하는 문화나 가정에서 자라기도 한다. "너는 가문의 수치다", "부끄러운 줄 알아라", "너는 네 주변 사람들보다도 못해!"와 같은 말을 들었을 수도 있다. 성인이 되어서도, 하나님께 순종하지 못할 때마다 수치스러움의 무거운 부담을 느끼고 자신을 용서하지 못하며 살아갈 수도 있다.

그러나 천국의 아버지는 절대로 수치를 주는 말을 사용하여 우리가 순종하도록 "동기 부여"를 하지 않으신다. 정죄는 사단으로부터 오는 것이다. 그 대신 하나님께서는 은혜, 자비, 인내, 연민, 사랑의 언어를 사용하신다.

출애굽기 34:6-7 앞부분은 하나님께서 스스로 설명하시는 가장 첫 번째의 말씀이다. 주님은 모세에게 "여호와라 여호와라 자비롭고 은혜롭고 노하기를 더디하고 인자와 진실이 많은 하나님이라 인자를 천대까지 베풀며, 악과 과실과 죄를 용서하리라"라고 스스로에 대해 말씀하신다.

베드로전서 2:6

우리 대부분은 자신에 대한 자신의 견해를 왜곡시킬 수 있는 "내 과거의 비밀들"을 가지고 있다. 나에게 다른 사람이 지은 죄든, 아니면 내가 나 자신이나, 하나님이나 다른 사람들에게 지은 죄들을 막론하고, 그 죄들은 나에게 수치감을 남겨주었다.

나는 종종 다른 사람들이 나를 용납하지 못하게 될까봐 두려워 이런 "수치스러운 일들"에 대해 다른 사람들이 알지 못하게끔 한다. 그런 일들은 나의 비밀 옷장에 남아있고, 이는 사단이 나의 삶에 근거지를 갖게 한다.

사단은 나에게 실패감, 거부감, 수치심과 낮은 자존감을 준다. 또한 두려움도

생기게 한다. 이런 과거의 일들을 남들이 알게 되면, 더 이상 나를 사랑하거나 용납하지 않을지도 모른다고 생각할 수도 있다. 우리 중 일부는 하나님의 부르심에 비해 내가 너무 가치가 없다고 느끼기 때문에 쓰임받을 기회를 받아들이지 않을 것이다. 때로, 이런 수치감들로 인해 우리와 하나님 사이에 거리감이 생긴다. 나는 그분의 앞에 있을 가치가 없다고 느낄지도 모른다. 아버지께서는 나를 용납하지 않으시며, 나에게 화가 나 있다고 느낄지도 모른다.

9. 베드로전서 2:6에서 "그를 믿는 자는 부끄러움을 당하지 아니하리라"고 할 때 이 뜻은 무엇인가?

10. "내가 여호와께 간구하매 내게 응답하시고 내 모든 두려움에서 건지셨도다 그들이 주를 앙망하고 광채를 내었으니 그들의 얼굴은 부끄럽지 아니하리로다" 시편 34:4-5. 수치심 부끄러움 과 두려움은 어떻게 관련이 있는가?

11. 당신은 삶의 어떤 영역에서 과거 및 현재에 아직도 수치심 부끄러움 을 느끼고 있는가? 이번 주 동안 그런 영역에 대해 일기를 적어보라.

12. 수치심은 내가 하나님과 함께 걷는 삶과 다른 사람과의 관계를 어떻게 방해하는가? 당신이 수치심으로부터 자유로워졌다고 느낀다면, 무엇이 그런 자유에 이르게 했는지 노트에 적어보라.

많은 사람이 그들의 죄가 용서받은 것을 믿으면서도 죄책감과 수치심을 가지고 산다. 이러한 죄책감과 수치심이 들 때마다 "나는 이미 용서받았어!"라고 진리를 선포하라.
종종 하나님께서는 나를 두려움과 굴욕감으로부터 자유 하기 위해 다른 사람들로부터 용납받고 위로받게 하신다. 당신의 삶에 수치심을 가져오는 영역들에 대해 만나서 터놓고 얘기할 수 있는, 비밀을 지키며 믿을 수 있는 사람이 있는지 주께 여쭈어보라. 당신이 그런 수치심을 나눌 때 그 수치심들이 어두움 밖, 빛으로 나오게 될 때 사단은 당신의 가슴을 꽉 쥐고 있는 그 움켜쥠을 놓게 될 것이다.
주님께서는 당신의 친구를 통해 은혜와 용서, 용납받는 역사를 이루실 수 있다. 친구에게 당신을 위해서 기도해주도록 부탁하라. 사단은 당신의 삶에 붙들고 있는 수치와 정죄의 움켜쥠을 잃게 될 것이다.

"그러므로 너희 죄를 서로 고백하며 병이 낫기를 위하여 서로 기도하라 의인의 간구는 역사하는 힘이 큼이니라" 야고보서 5:16.

"이에 숨은 부끄러움의 일을 버리고 속임으로 행하지 아니하며 하나님의 말씀을 혼잡하게 하지 아니하고 오직 진리를 나타냄으로 하나님 앞에서 각 사람의 양심에 대하여 스스로 추천하노라" 고린도후서 4:2.

바울과 그를 인도했던 사람들은 그들의 과거 삶의 수치스러운 모습에 대해 정직했다. 그들은 이런 일들을 하나님께 고백하고 내려놓았다. 이제 원수는 더 이상 이런 것들을 이용해서 그들의 이름을 불명예스럽게 할 수 없다. 그들의 과거의 죄가 빛으로 나왔기 때문에 사단의 유혹, 비난, 정죄에는 더 이상 여전 같은 능력이 없었다. 이것은 그들이 하나님과 함께 걷는 데에 힘과 근거가 되었다.

공동체 나눔

1. 매일매일 의의 의복을 입는데 가로막고 있는 것이 있는가?

2. 이 옷이 수치와 죄책감에서 당신을 자유롭게 하도록 하라. 수치심과 정죄감에서 벗어나 자유롭게 해주는 의의 의복을 받아들일 수 있는가?

■ 만약 당신이 아직 그리스도를 구세주와 주인으로 영접하지 않았다면:

만약 진정으로 이 기도를 한다면, 그리스도께서는 당신의 마음에 들어오실 것이고, 당신은 그리스도와 인격적인 관계를 시작하며 영생을 얻게 될 것이다! 당신은 하나님과 동행하는 놀라운 여정이 시작될 것이다.

영접기도

주 예수님, 주님을 믿고 싶습니다. 십자가에서 죽어 주심으로 내 죄값을 담당하시니 감사합니다. 지금 나는 내 마음의 문을 열고, 예수님을 나의 구주, 나의 하나님으로 영접합니다. 나의 죄를 용서하시고, 영생을 주심을 감사합니다.

나를 다스려주시고, 나를 주님이 원하시는 사람으로 만들어 주옵소서. 예수님의 이름으로 기도합니다. 아멘.

■ 당신이 만약 이미 믿는 자라면:

회개 기도

나의 죄악된 행위 ____________________ (예: 불신, 용서하지 못한 것, 질투, 비교의식, 다른 사람에게 방어벽 쌓는 것, 우상숭배 등) 를 고백합니다. 이 죄악된 행위를 회개하고 나의 보호자, 공급자, 그리고 나의 필요와 갈급함을 만족하게 하시는 주님께 돌아갑니다. 예수님의 이름으로 이 죄악된 행위를 통해서 사단이 얻었을지도 모르는 어떠한 근거도 철회합니다. 이 죄악된 행위에 다시 빠지지 않고 승리할 수 있게 하시는 성령의 능력과 충만함을 기도합니다. 예수님의 이름으로 기도합니다. 아멘.

■ 이미 믿지만 죄책감과 수치심으로부터의 자유를 원한다면:

고백하고 포기하는 기도

예수님의 이름으로 나는 내가 믿었던 내 자신에 관한 이름인 ____________________ (예: 쓸모없음, 부족함, 실패자, 나쁨, 바보, 하찮은 존재, 애처로움 등)을 거절합니다. 예수님의 이름으로 명하노니 ______________________________ (예: 부모님이 이혼했을 때, 엄마 뱃속에서부터 생긴 두려움, 초등학교 때 생긴 열등감, 결핍, 약함, 상처) 를 믿게 한 악한 영은 떠나갈지어다! (평강과 확신이 올 때까지 계속 외친다.) 내가 이 이름을 받아들였을 때 사단이 얻었을지도 모르는 어떠한 근거도 철회합니다. 그리고 나는 ______________________________ (예: 넉넉히 이기는 자, 신기하고 놀랍게 창조된 자, 가치있는 자, 하나님의 아들, 하나님의 기쁨, 하나님의 친구, 존귀한 자, 소중한 자, 보배로운 자, 선택된 자) 라는 주님이 내게 주신 의로운 이름을 믿습니다. 예수님의 이름으로 자유를 선포합니다. 예수님의 이름으로 기도합니다. 아멘.

오늘날 이 공부에 대한 놀라운 사실은 다윗이 비록 죄에 깊게 빠졌지만, 하나님께서 은혜, 자비, 사랑으로 다시 그를 세우셨다는 점이다. 주님은 다윗을 왕의 자리에서 몰아내지 않으셨다. 왜일까? 하나님께서는 자비롭고, 친절하며, 용서하고, 사랑하는 하나님이시기 때문이다. 내가 발을 헛디뎌 죄의 속박에 빠졌을 때, 회개한 후라 해도 교회에서 하는 봉사나 나의 사역을 그만둬야 한다고 생각하기 쉽다. 때때로 하나님께서는 당신을 치유하고 다시 세우는 동안 당신이 리더의 직분을 내려놓기를 바라실지도 모른다. 이 치유의 시간 동안 멘토의 역할을 해줄 수 있는 사람을 찾아보라. 나는 하나님을 섬기는 자리를 잃는 것을 방지하기 위하여 절대 다른 사람들로부터 "나의 죄를 숨기지" 않아야 한다. 본인의 직업, 사역, 또는 관계에서 대가를 치르더라도 나는 경건한 상담을 해줄 수 있는 사람에게 솔직해야 한다. 하나님의 능력 안에서 견뎌야 하는 나의 죄의 결과는 항상 있다. 그러나 나는 주님의 훈련 가운데서 그분의 사랑, 용납, 은혜, 용서, 선하심을 발견할 것이다.

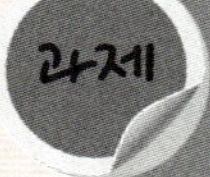

1. 다음 과를 준비한다.
2. 그룹원들이 이미 용서를 받아 거룩하고 정결해진 자기 자신들을 바라봄으로써 승리할 수 있도록 기도하라. 또한 그들이 수치심의 속박으로부터 자유를 누리도록 기도하라.

4 나의 진정한 이름 되찾기

… 오직 너를 헵시바라 하며 네 땅을 뿔라라 하리니 이는 여호와께서 너를 기뻐하실 것이며 네 땅이 결혼한 것처럼 될 것임이라 _이사야 62:4

시작

당신의 이름은 어떤 의미를 갖고 있는가? 부모님이 당신의 이름을 선택한 이유를 아는가? 간단히 설명해보라.

....

....

"야곱아 너를 창조하신 여호와께서 지금 말씀하시느니라 이스라엘아 너를 지으신 이가 말씀하시느니라 너는 두려워하지 말라 내가 너를 구속하였고 내가 너를 지명하여 불렀나니 너는 내 것이라" 이사야 43:1.

우리의 이름은 나에게 평강이나 혼란, 빛이나 어둠, 삶이나 죽음을 줄 만한 힘을 가지고 있다. 하나님께서 만물을 만드셨다. 그는 빛과 어둠을 명명하셨다. 땅과 바다의 이름을 지으신 분은 그분이셨다. 그러나 하나님께서는 인간에게 특별한 일을 행하셨다. 그분은 자신의 형상대로 사람을 창조하신 후 피조물인 인간에게 이름을 짓는 일을 맡기셨다. 이름을 짓고 땅에 대한 권세를 주장하는 일이 사람에게 주어졌다. 그러나 내가 누구인지 알려주신 분은 창조주 하나님이시다. 그분은 나의 진정한 정체성을 설명하는 이름을 주셨다.

원수는 하나님께서 만드신 좋은 것들을 망치고 싶어 한다. 사탄은 나에게 맞지 않는 이름을 주려고 할 것이다. 내가 타락한 인간으로서의 나를 보존하려고 할 때 나는 원수의 거짓 메시지를 다른 사람에게 사용한다. 그러나 나는 그리스도로 말미암아 권세를 받은 하나님의 사람으로서, 존경받고 가치 있는 사람으로서, 나의 자유를 위해서만이 아니라 다른 사람의 자유와 하나님의 영광을 위해서 나에게 주어진 참된 이름을 되찾아야 할 것이다.

나의 새로운 이름

1. 하나님께서 믿는 자인 당신에게 주신 성경의 이름은 어떤 것들이 있는가?

....

....

"이방 나라들이 네 공의를, 뭇 왕이 다 네 영광을 볼 것이요 너는 여호와의 입으로 정하실 새 이름으로 일컬음이 될 것이며 너는 또 여호와의 손의 아름다운 관, 네 하나님의 손의 왕관이 될 것이라 다시는 너를 버림 받은 자라 부르지 아니하며 다시는 네 땅을 황무지라 부르지 아니하고 오직 너를 헵시바라 하며 네 땅을 쁄라라 하리니 이는 여호와께서 너를 기뻐하실 것이며 네 땅이 결혼한 것처럼 될 것임이라" 이사야 62:2-4.

다른 나라들은 하나님의 민족을 "버려진 땅" 그리고 "황무지"로 불렀다. 이 말씀은 유대인들이 역사적으로 풀죽은 모습의 민족이었을 때 그들에 대해 쓴 예언이었다. 그 당시 유대인들은 자신들의 나라도 없었을 뿐만 아니라, 바벨론의 포로로 살고 있었다. 다른 나라의 통치하에 사는 것은 열등하고 불쌍한 것으로 인식되었다. 역사에서 그 시대의 모든 나라는 각자 어떤 형태로든 신을 섬겼다. 따라서 그들은 유대 민족과 유대인의 하나님을 조롱하기 위해 유대 민족을 "버려진 땅" 그리고 "황무지"로 불렀다. 하나님께서 유대 민족을 버리시고, 잊으시고, 그들의 땅과 터전을 황량하게 버려두셨다고 암시하고 있었다. 그러면서 유대인들도 이 거짓을 믿었다.

슬프게도, 우리 중에 많은 사람도 어려운 환경에 처하면, 내가 하나님에 의해 버려졌고, 잊혀졌으며, 묵살 당했다는 사단의 거짓을 믿게 될 수 있다.

내가 다른 사람들에 의해 계속하여 무시당하거나 모욕을 당하거나 수치스러움을 당하거나 혹은 깎아내려 질 때 나는 이러한 거짓말을 믿게 되어 하나님이 나를 보시는 관점과는 정반대로 불리는 이름을 받아들이게 된다.

이 이름들은 '처량한', '나약한', '가치 없는', '멍청한', '쓸모없는', '하찮은', '추한', '볼품없는', '사랑스럽지 못한', '거절되는', '역겨운', '실패할 수밖에 없는', '희망 없는' 등으로 말할 수 있다.

2. 위 이름들 중 "나에게 꼭 맞는 말이네"라고 생각되는 단어가 있는가? 위에서 언급된 표현 이외에도 이 거짓들은 어디에서 오는 것인가? 이 거짓이 언제 처음 시작되었는가?

....

....

유대 나라의 정체성이 가장 낮아진 상황 가운데, 하나님께서는 그들에게 오셔서 그들의 영혼에 회복과 희망이 되는 새로운 이름을 주셨다. 하나님께서는 그들에게 "나의 종" 혹은 "하나님의 창조물" 같은 이름을 주실 수도 있었지만, 하나님과 유대 민족간 사랑의 관계를 나타내는 아름다운 이름을 주셨다. 이는 "헵시바"로 "여호와께서 너를 기뻐하실 것"이라는 의미이다.

하나님께서는 유대 민족이 버림받지 않았다는 사실을 알기를 원하셨다. 하나님께서 그들 안에서 기뻐하신다고 말씀하셨다. 주님께서 그들의 땅을 "뿔라" 혹은 "결혼했음"으로 부르실 때 그들이 하나님의 신부이며, 하나님께서 그들을 사랑하고, 공급해주고, 보살펴 줄 믿음의 남편임을 유대 민족이 알기를 원하셨다. 이사야 62:1-4은 우리가 "여호와께서 너를 기뻐하실 것"이라는 새 이름을 가졌음을 말하고 있다. 1절에 "시온"이라고 쓰인 부분을 주목하라. 이 말씀이 역대 모든 믿는 자들을 위한 것이라는 뜻이다.

내가 거짓 안에서 살 때 나의 삶은 점점 더 공허해지고 문제가 많아진다. 경건한 열매가 점점 더 줄어들며, 나의 행동, 성품, 인간관계에서의 황폐함이 증가하는 결과를 초래한다. 이것이 다른 이들이 조롱했던 유대인의 "황무지"이다.

그러나 하나님께서는 새로워진 유대 민족 사이와의 관계를 통해 그들의 정체성을 회복하셨고, 심지어 그들의 땅도 다시 채워짐을 받았다. 내가 하나님과의 신랑, 신부인 관계와 나 자신을 새롭게 하시기를 주께 맡길 때 나의 성품, 몸, 마음, 영, 인간관계 안에서의 열매 변화 가 넘쳐날 것이다.

3. 당신의 영을 억압하기 위해 쓰인 거짓 이름들을 생각해보라. "나의 기쁨이 그에게 있다"헵시바. 새롭게 지어진 이 이름이 당신이 어제까지 받아들였던 거짓된 이름과 어떻게 다른가?

....

....

4. 이사야 62:2–4 말씀은 "너는 여호와의 손에 들려있는 아름다운 왕관이 될 것이다"라고 말한다. 하나님께서 당신에게 주신 새 이름이다! 하나님께서 왜 이러한 시적인 표현을 쓰셨는가?

....

....

만약 우리가 여러 사람의 무리 가운데 있을 때 갑자기 누군가가 아름다운 왕관을 쓰고 방으로 들어온다면, 우리는 그 사람이 누구인지 보려고 할 것이다. 왕관을 쓸 수 있을 정도의 위치와 위상을 가진 그 사람과 같은 공간에 있다는 것에 들뜬 기분일 것이다. 이는 영광받는 왕족인 사람의 상징이다.

하나님께서는 이것을 우리에게 말하고 계신다! 우리는 영화로운 면류관이다. 다른 사람들이 볼 수 있도록 우리가 왕족의 아름다움을 지니기를 원하신다. 우리는 왕 중의 왕이신 분의 자녀, 왕자와 공주이다. 자랑스럽고, 영광스럽게 우리는 이 칭호를 지닐 수 있다.

5. 만약 당신이 이 칭호들을 진정으로 받아들이고 당신의 이름인 것처럼 살기 시작한다면, 하나님과 이웃과의 관계에 어떤 변화와 영향이 있겠는가?

....

....

나는 하나님의 기쁨이다

내가 '여호와의 기쁨'이라는 사실이 놀랍다! 잠시 생각해보자. 이는 당신이 하나님의 기쁨의 대상이라는 뜻이다. 하나님은 내가 매일 말씀을 읽고, 기도하며, 하나님과 시간을 보내기를 원하실 뿐만 아니라, 신랑이 신부와 같이 있음에 감격하는 것과 같이 우리와 함께 있는 것을 기뻐하고 즐거워하신다.

히브리어는 이 세상에서 가장 서술적인 언어 중의 하나이다. 내 안에서 하나님의 기쁨을 표현하는 단 한 개의 단어를 사용하는 대신에, 하나님께서는 즐거움, 함께 있음의 즐거움, 또한 이 의미의 다른 표현을 이르는 기쁨이라는 단어를 16개의 히브리어 단어를 구약에서 사용하신다. 하나님께서 내 안에서 얼마만큼 기뻐하시는지를 내가 진정으로 알기를 원하시는지 보이는가?

다음은 오늘 공부할 말씀에서 사용된 4개의 히브리어 단어이다. 각 구절을 더 잘 이해하기 위해 각 히브리어 단어의 정의를 찾아보자.

■ 'shashua', 샤슈아 – 즐거움, 기쁨

"…그가 기뻐하시는 나무는 유다 사람이라…" 이사야 5:7.

■ 'chaphets', 차페츠 – 즐거워하는, 은혜, 즐거움, 좋아함, 아주 기뻐함

"… 오직 너를 헵시바 나의 기쁨이 그에게 있다 라 하며 네 땅을 뿔라 결혼한 여자 라 하리니 이는 여호와께서 너를 기뻐하실 것이며 네 땅이 결혼한 것처럼 될 것임이라" 이사야 62:4.

- 'masos', 마소스 – 기쁨, 기쁨의 감정의 대상 혹은 원인, 환희

"… 신랑이 신부를 기뻐함 같이 네 하나님이 너를 기뻐하시리라" 이사야 62:5.

- 'ratsah', 라트사 – 기뻐하는, 이루다, 만족스러운, 허용하다, 즐거워하다, 좋아하다, 스스로 만족하다

"내가 붙드는 나의 종, 내 마음에 기뻐하는 자 곧 내가 택한 사람을 보라…" 이사야 42:1.

6. 기쁨을 나타내는 4개의 히브리어 단어를 공부하면서, 이것들이 신부로서의 당신과 하나님의 관계에 대하여 무엇을 말해주고 있다고 생각하는가? 이 단어들 중 당신의 눈에 띄는 단어는 무엇인가?

....

....

나는 하나님의 아들

"너희가 다 믿음으로 말미암아 그리스도 예수 안에서 하나님의 아들이 되었으니 누구든지 그리스도와 합하기 위하여 세례를 받은 자는 그리스도로 옷 입었느니라 너희는 유대인이나 헬라인이나 종이나 자유인이나 남자나 여자나 다 그리스도 예수 안에서 하나이니라 너희가 그리스도의 것이면 곧 아브라함의 자손이요 약속대로 유업을 이을 자니라" 갈라디아서 3:26-29.

"영접하는 자 곧 그 이름을 믿는 자들에게는 하나님의 자녀가 되는 권세를 주셨으니" 요한복음 1:12.

7. 갈라디아서 3:26에 따르면, 나는 어떻게 하나님의 아들이 되는가?

....

....

우리 중 많은 사람은 자신이나 다른 사람이 나에게 부여한 기대치와 씨름한다. 나는 이러한 기대를 포기하고 하나님 아버지께서 나를 향한 그분의 뜻과 소망으로 나를 인도하시도록 해야 한다. 자신의 가치나 의로움을 얻기 위해 자신이나 다른 사람의 기대에 부응하고 있는가? 나는 일을 통해 나의 남성성을 입증하고 싶은 유혹을 느낄 수 있다. 그러나 나는 그리스도 안에서의 나의 정체성을 통해서 나의 남성성을 인정하시는 분이 하나님이심을 이해해야 할 것이다.

8. 로마 문화에서는 성년이 된 소년이 아이의 옷을 벗고 토가를 입는 것이 관습이었다. 이것이 어떻게 내가 그리스도로 "옷을 입은" 것과 관련이 있는가

....

....

9. 당신의 삶에서 하나님에게서 온 것이 아닌, 당신 스스로 기대했던 부분은 무엇인가?

....

....

10. 내가 그리스도 안에서 세례를 받음으로 나는 이전과는 다른 세상과의 관계에 놓이게 된다. 갈라디아서 3:27-28에서 서로의 관계에 대해 무엇이라고

말하는가?

우리는 그리스도의 몸의 지체이다. 우리는 더 이상 전체에 맞추려고 노력하는 개인이 아니라 하나님께서 그분의 아들인 우리 각자에게 의도하신 고유한 방식으로 기능하는 전체 중 일부이다. 나는 확신 있게 하나님의 축복을 알고 받을 수 있다 에베소서 1:3-14. 하나님 아버지는 그의 아들들이 당신을 찾기를 원하신다. 그분은 제자들에게 구하고 믿으라고 격려하셨으며, 하나님께서는 그분의 이름으로 그들의 기도에 행하실 것이다 요한복음 14:12-14. 그분은 그분을 향한 우리의 필요를 깨닫기를 간절히 바라신다.

탕자가 집으로 돌아간 것처럼 나도 나를 입히고 먹이시고 회복시키기를 원하시는 나의 하나님 아버지께로 돌아가야 한다. 나는 돌봄과 보살핌을 받는다. 하나님의 눈은 끊임없이 나를 향하고 있다 시편 139. 나는 결코 혼자 남겨지지 않는다. 그분은 나를 징계하신다 히브리서 12:5-11. 나는 실수를 하고 나의 방식으로 오류를 범할 때 사랑으로 교정된다. 나는 나 혼자가 아니라 나의 아버지께서 말씀하시는 것이다. 그분은 나와 소통하기를 원하신다. 그분은 나에게 그분의 말씀을 받아들이라고 간청하신다. 하나님의 말씀과 성령을 통해서 나는 내가 참으로 누구인지를 이해하게 된다.

그리스도로 말미암아 하나님의 아들 된 나의 이름을 되찾도록 하자.

나는 하나님의 포도원(정원)

"무릇 만군의 여호와의 포도원은 이스라엘 족속이요 그가 기뻐하시는 나무는 유다 사람이라 …" 이사야 5:7.

위 구절에서는, 하나님께서 이스라엘과 유다 사람을 포도밭에 비유하신다 다시 한 번 말하지만, 이는 모든 성도들에게 적용할 수 있게 되어 있다. 포도밭이 열매를 맺기 위해서는 농부는 매일 포도나무를 극진히 돌봐야 한다.

4과에서는, 하나님께서 유대 민족에게 고통을 감내하면서 그들을 돌보았음에도 왜 "좋은" 열매를 맺지 않고 있느냐고 묻고 계신다. 하나님께서는 나에게 돌봄, 공급, 사랑, 보호, 용서, 치유, 권세를 부어 주신다. 따라서 그분은 나에게도 같은 질문을 하신다.

나의 삶에서 열매는 무엇인가?

나는 "좋은 포도", 아니면 "나쁜 포도"를 갖고 있는가?

"내가 내 포도원을 위하여 행한 것 외에 무엇을 더할 것이 있으랴…" 이사야 5:4.

하나님께서는 나를 그분의 기쁨의 정원이라고 부르신다. 하나님께서는 진정으로 자녀에게 사랑을 부어 주시는 완전한 아버지일 뿐만 아니라, 그분의 포도밭을 보살피는 능력의 농부이시다.

만약 나를 가꾸시는 분이 사랑스럽게, 부드럽게, 조심히 나를 돌보시는 것을 이해한다면, 나는 그분을 가까이 따르고 싶고, 의의 열매를 맺을 것이다. 그러나 만약 내가 실패자이며, 용서받지 못하고, 수치스럽고, 가치 없고, 사랑받지 못하며, 거절당한다는 거짓을 믿는다면, 나는 죄 많은 행동 나쁜 열매 을 드러낼 것이다. 우리가 하나님의 성품과 주님과의 관계, 그리고 우리의 정체성에 관계된 거짓 안에서 살게 되면, "나쁜 열매"를 맺는다.

11. 하나님께서 진정으로 그분의 포도밭이신 당신을 보살피고 계심을 간증할 방법을 몇 가지 적어보라. 하나님의 놀라우신 보살핌의 결과로 당신의 삶에서

현재 볼 수 있는 열매가 있다면 적어보라.

공동체 나눔

하나님께서는 당신에게 새로운 이름을 주기를 원하신다. 오늘 당신은 세 가지 강력한 이름을 공부하였다. 나는 그분의 기쁨, 그분의 아들들, 그분의 포도원이다. 성경에는 하나님께서 나에게 주신 다른 많은 이름이 있다. 매일 기도하면서 자신을 위해 이 새로운 이름을 되찾아라. 자라면서 들었던 하나님의 진리에 반대되는 이름들을 고백하고 포기하라. 다시 한번 1과와 2과, 새로운 이름에 있는 기도를 사용하시기 바란다.

고백하고 포기하는 기도

예수님의 이름으로 나는 내가 믿었던 내 자신에 대한 이름인 ______________ (예: 쓸모없음, 부족함, 실패자, 나쁨, 바보, 하찮은 존재, 애처로움 등)을 거절합니다. 예수님의 이름으로 명하노니 ______________________ (예: 부모님이 이혼했을 때, 엄마 뱃속에서부터 생긴 두려움, 초등학교 때 생긴 열등감, 결핍, 약함, 상처) 를 믿게 한 악한 영은 떠나갈지어다! (평강과 확신이 올 때까지 계속 외친다.) 내가 이 이름을 받아들였을 때 사단이 얻었을지도 모르는 어떠한 근거도 철회합니다. 그리고 나는 ______________ ______________ (예: 넉넉히 이기는 자, 신기하고 놀랍게 창조된 자, 가치있는 자, 하나님의 아들, 하나님의 기쁨, 하나님의 친구, 존귀한 자, 소중한 자, 보배로운 자, 선택된 자) 라는 주님이 내게 주신 의로운 이름을 믿습니다. 예수님의 이름으로 자유를 선포합니다. 예수님의 이름으로 기도합니다. 아멘

과제

1. 종이 혹은 좋은 편지지를 준비하여 잠시 당신의 신랑인 주님으로부터 온 편지를 써보라. 오늘 공부한 말씀을 비탕으로 주님께서 당신에게 하신다고 생각되는 말씀을 써보라.
2. 다음 과를 준비한다.

More than Conquer_

2부

부르신 분

ors

5 사랑의 아버지

진리를 알지니 진리가 너희를 자유롭게 하리라 _요한복음 8:32

시작

미디어 TV, 영화, 소설 에 나오는 유명한 아버지의 모습을 생각해보고, 그 아버지의 좋은 점과 나쁜 점에 대해 나누어보라.

....

....

육신의 아버지, 천국의 아버지

1. 내가 어렸을 때 아버지가 어떤 모습이었는지, 아버지의 긍정적 혹은 부정적이었던 성격 등을 나와의 관계를 포함해서 간단히 적어보라. 만약 아버지께서 안 계셨다면, 주된 보살핌을 받았던 분에 대해서 적어보라.

....

....

그의 자녀를 향한 주님의 사랑을 나타내시기 위해 아버지□자녀의 관계를 설정하셨다.

자녀들은 어렸을 때 발생한 구체적인 일과 관계를 통해서 세상을 이해한다.

하나님에 관한 개념은 권위에 대한 관계를 이해하는 것에서 온다. 아버지□자녀의 관계는 하늘에 계신 아버지와 믿는 자들 간의 관계를 가장 가까운 관계로 보여주고 있다.

어른이 된 나에게는 육신의 아버지의 긍정적인 면과 부정적인 면들이 천국의 아버지에게 무의식적으로 투영된다.

2. 육신의 아버지로부터 받은 긍정적이거나 부정적인 어떤 부분들이 하나님 아버지를 바라보는 관점에 투영되었는가?

....

....

3. 가장 큰 스트레스가 되는 상황을 생각해보라. 이런 상황에서 당신은 보통 하나님과의 관계를 어떻게 보고 있는가? 당신이 실수를 하거나 죄를 지었을 때는 하나님께서 어떤 관점으로 당신을 대하신다고 생각하는가?

....

....

나는 하나님께서 사랑이시고, 거룩하시며, 용서하시고, 온화한 그리고 권세 있는 분이라는 것을 알고 있다. 그러나 만일 스트레스를 받는 상황에서의 우리의 반응을 생각해 본다면, 나의 믿음의 뿌리에 하나님에 대한 거짓이 어느 정도 있다는 것을 발견하게 될 것이다. 예를 들면, 만일 내가 죄를 고백하면, 그리스도께서 흘리신 십자가의 피 때문에 나의 모든 죄가 용서받고, 하나님께서 나를 온전히 받아주신다는 것을 안다.

그러나 우리 중에 어떤 사람들은 내가 실수를 하거나 죄를 지었을 때, 수치스럽게 느끼며, 하나님께서 나를 냉혹하게 대하실 거라고 생각해 주님 앞에 나오는 것을 두려워하기도 한다. 이것이 하나님께서 용서하시고, 인내하시고, 자비하시고, 그리고 자애로우신 나의 구원자라고 믿는 믿음인가? 혹은 나와 가족이 경제적으로 힘들 때 걱정이 하늘을 찌른다면 전지전능하시고, 한결같으시며, 주권자이시고, 신실하시고, 돌보시는 하늘의 아버지에 대한 나의 믿음은 어디로 간 걸까?

성경에는 이 역설에 대해 뚜렷하게 고민하는 사람들이 많이 있다.

"나는 하나님께서 누구이신지 알고 있습니다. 그러나 나는 왜 다른 믿음으로부터 행동하고 있는 것입니까?"

내가 선지자 엘리야의 삶의 한 시기를 읽을 때 나는 이와 비슷하게 양분됨이 등장하는 것을 볼 수 있다.

엘리야의 고통

4. 열왕기상 18:19–46을 읽어라. 엘리야가 경험했던 믿음의 사건을 통해 나는 하나님에 대하여 무엇을 볼 수 있는가? 주님에 대한 믿음이 얼마나 강했는가? 어떻게 그것을 알 수 있는가?

....

....

5. 열왕기상 19:1-18을 읽어라. 열왕기상 18장과 19장에서 나타난 엘리야와의 다른 모습을 비교해보라. 하나님의 성품에 대한 그의 믿음에 있어서 어떤 변화가 보이는가?

....

....

6. 엘리야는 우울증의 몇 가지 증상을 보였다. 그 증상들을 나열하고, 그의 우울증의 원인이 무엇 때문이었는지 말해보라.

....

7. 하나님은 엘리야가 가지고 있는 우울증, 부족한 믿음, 그리고 주님의 진정한 성품에 대한 그 불신에 대하여 어떻게 응답 몇 가지로 응답하심 하셨는가?

8. 열왕기상 19:11은 하나님께서는 "바람, 지진, 불" 가운데 계시지 않다고 말한다. 12절에서 하나님께서는 엘리야에게 세미한 소리로 말씀하셨다. 이러한 일을 통해서 하나님께서 엘리야의 개인적인 필요에 신경쓰지 않는다는 거짓으로부터 어떻게 엘리야를 자유롭게 하셨는가?

9. 하나님의 진정한 성품을 바탕으로 바라볼 때 당신의 부족한 믿음, 불신, 감정적인 괴로운 반응들에 하나님께서 어떻게 응답하고 싶어하신다고 생각하는가?

엘리야는 하나님의 기적적인 능력을 계속해서 경험했다. 하나님은 엘리야가 그분의 이름에 영광을 돌리기 위해 열방에 초자연적인 능력을 나타내시는 것뿐만 아니라 엘리야 자신에게 온유한 사랑을 베푸시기를 원하신다는 것을 알도록 원하셨다. 하나님께서 엘리야를 회복시키기 위해 부드럽고 온유한 말씀을 사용하신 방식은 하나님의 그분의 자녀를 위한 개인적이고 친밀한 사랑과 보살핌에 대한 아름다운 간증이었다.

머리로 믿는 것, 가슴으로 믿는 것

때때로 우리는 천국의 아버지에 대한 바르지 못한 생각으로 괴로워한다. 성경에서 사단은 "거짓의 아버지", "비난자", "속이는 자"라는 이름으로 불린다.

내가 삶을 살아갈 때, 사단은 과거로부터 지금까지 나에게 부정적인 영향을 끼친 권위자들을 사용하여 성경과 달리 천국의 아버지가 나를 완전하게 사랑하지 않는다고 설득시키려고 한다.

사단은 내가 하나님을 다음과 같이 믿기를 원하고 있다.

하나님은 멀리 계시고, 수동적인, 약한, 까다로운, 닿기 어려운, 주도권을 쥐지 못하는, 매서운, 기쁘게 하기 어려운, 화난, 비판적인, 판단하는, 치우친, 지루한, 구두쇠 같은, 돌보지 않는, 사랑이 없는, 공정하지 못한, 용서가 없는, 복수하는, 친절하지 않은, 인내심이 없는, 제한된, 잘 잊는, 현명하지 못한, 사려 깊지 못한, 비열한 분이시다.

10. 하나님을 거짓으로 말하는 위에 표현들 중 가끔 믿어야 한다고 유혹받은 단어들이 있는가? 그 단어들에 밑줄을 그어보라. 이런 잘못된 믿음을 갖게 한 상황이나 관계는 무엇인가?

믿음에는 두 가지 종류가 있다. 머리로 믿는 것과 가슴으로 믿는 것이다.

머리로 믿는 믿음은 그동안 내가 배움을 통해 얻는 지식으로 믿는 믿음을 말하며, 정상적인 상황 속에서 이 믿음을 따라 반응하는 것이다.

가슴으로부터의 믿음은 영혼 깊은 곳에서부터 믿는 것으로, 두려울 때, 스트레스가 심할 때, 그리고 나 자신을 보호하려고 노력할 때 머리로 믿는 믿음을 능가하는 믿음이다.

대부분 머리로 믿는 것과 가슴으로 믿는 것은 같다. 이것을 확신이라고 부른다. 그러나 때때로 나는 나 자신이 예상하지 못한 방법으로 반응하는 모습을 발견하게 될 때가 있다. 이를 통해 어떤 면에서 가슴으로부터의 믿음과 머리로부터의 믿음이 같지 않다는 것을 깨닫게 될 것이다.

나는 주님의 거짓 성품을 믿어왔을 뿐만 아니라, 주님이 나를 어떻게 대하는지에 대한 거짓 방법도 믿어왔다.

몇 가지 대표적인 예들은 다음과 같다.

하나님께서는 너무 바쁘셔서 나에게 관계하지 않으시거나, 응답하지 않으시거나, 일관성이 없으시다 (어느 때는 나와 함께 하시지만, 그렇지 않으실 때도 있다).
나를 버리거나, 나에게 멀리 계시고, 용서가 없으시고, 나를 부끄럽게 여기시고, 비판적이시고, 까다로우시고, 판단하시고, 나를 이용하시고, 나를 도울 힘이 없으시고, 수동적이시고, 구두쇠이시고, 무섭게 벌을 주시고, 항상 나에게 가르치려고만 하시고, 사랑이 없으시고, 나를 허락하지 않으시고, 방만하시고, 나를 잊어버리시고, 실수하시는 경우도 있고, 나에게 매정하시고, 무감각하시고, 보살피지 않으시고, 절대 나에게 만족하지 않으시고, 통제하려고만 하시고, 조종하려고만 하시는 "완벽주의자"이시다.

11. 당신 자신이 어려운 상황 속에서 스트레스를 받게 될 때, 하나님께서 어떻게 대하신다고 생각하는가? 위의 목록으로부터 이런 상황에서 믿게 되는 하나님에 관한 거짓에 밑줄을 그어보라.

....

....

....

....

공동체 나눔

여기에 두 가지의 목록이 있다. 첫 번째는, 하나님의 성경적 성품들이다. 두 번째는, 하나님께서 자녀들을 대할 때의 방법을 설명하는 것이다.

■ **하나님의 성경적 성품**

하나님께서좋으신, 친절하신, 사랑의, 인내하시는, 보살피시는, 강하신, 현명하신, 사려 깊으신, 긍휼하신, 용서하시는, 능동적이신, 임재 하시는, 부드러우신, 질투의, 공의의, 공정하신, 거룩하신, 은혜를 베푸시는, 공급하시는, 후하신, 주권자이신, 가까이 닿을 수 있는, 무소부재 하신, 위엄 있으신, 질서의, 전지전능하신, 완전하신, 위대하신 하나님.

■ **하나님께서 자녀들을 대할 때의 방법**

나를 인도하시는, 위로하시는, 용서하시는, 가르치시는, 사랑하시는, 삶에 관계하시는, 인생의 계획을 주관하시는, 필요를 모두 채워주시는, 힘을 주시는, 단련하시는, 소중히 여기시는, 보호하시는, 받아주시는, 힘을 북돋아 주시는, 도전하시는, 키우시는, 기도해주시는, 확신시키시는, 용기를 주시는, 섬기게 하시는, 부르시는, 조언해주시는, 인내심을 갖고 지켜봐 주시는, 실패를 용납해 주시는, 동정과 은혜와 친절을 베푸시는, 영광스럽게 하시는, 계속 지켜봐 주시는, 은사를 주시는, 나를 기뻐하시는, 나를 아끼시는, 나를 즐겁게 하시는, 그분의 사랑의 열매를 맺게 하시는, 나를 자랑스럽게 생각하시는 하나님.

1. 위 목록들을 보면서 앞의 질문 10번, 11번에서 밑줄 그었던 아버지에 관한 거짓 믿음과 배치되는 목록들에 밑줄을 그어보라. 1과 33쪽 12번 질문의 거짓 – 진리 – 성경구절 표 에 적어보라.

2. 하나님에 관해 당신이 믿어왔던 거짓을 진리로 대체하는 기도를 소리 내어 드려보라.

하나님과의 관계 회복을 위한 기도

예수님의 이름으로 나는 하나님이 ________________ (예: 악한, 수동적인, 용서하지 않으시는, 돌보지 않으시는, 까다로운, 비판적인, 판단하는, 공정하지 못한, 등의) 거짓을 물리칩니다. 나는 내가 이 거짓을 믿었을 때 사단이 얻었을지도 모르는 어떠한 근거도 철회합니다. 그리고 나는 하나님이 ________________ (예: 강한, 돌보시는, 용서의, 보살피는, 임재하시는, 공급하시는, 신실하신, 나에게 관심을 갖으신다는 등의) 하나님에 대한 진리를 믿습니다. 예수님의 이름으로 모든 묶임에서 자유를 선포합니다. 예수님의 이름으로 기도합니다. 아멘.

하나님에 관한 거짓을 믿은 결과는 다양한 죄의 행동과 태도로 나타난다. 이들 중의 어떤 것들은 명백한 죄는 아니지만, 그 행동의 뿌리는 하나님에 관한 신뢰와 믿음의 부족인 것이다. 이것이 엘리야의 문제였다.

그러므로 그의 우울함은 하나님 아버지의 성품에 관한 믿음의 부족함에서 기초한다. 히브리서 11:6 상반절은 "믿음이 없이는 하나님을 기쁘시게 하지 못하나니"라고 말씀한다. 그러므로 우리는 죄의 행동과 부족한 믿음을 회개해야 한다.

하나님의 성품에 관한 믿음의 부족에서 나오는 가능한 몇 가지의 결과는 다음과 같다.

■ **육신의 구속에 빠지는 경우**

폭식, 운동 중독, 컴퓨터 게임, 이메일, TV 및 영화 보기, 쇼핑, 바쁨, 사람들 기쁘게 하기, 완벽주의, 포기, 일중독, 사람의 마음 조종하기, 남 탓하기, 합리화, 자기 연민, 잠으로 도피, 사람에게 의지하기, 지나친 독립심, 다른 사람의 행동까지 통제하기, 욕망, 환상, 수음, 추파, 난잡함, 불륜, 포르노 같은 강박 관념에 사로잡힌 행동들.

■ **통제할 수 없는 감정의 구속에 빠지는 경우**

두려움, 불안, 화, 분노, 외로움, 우울함, 절망, 무력함, 수치스러움, 자살 충동, 체념, 용서하지 못함, 신랄함.

3. 잠시 시간을 갖고 하나님에 관한 믿음의 부족에서 나오는 행동들 위의 목록을 참고 가능 을 밝혀내고, 이를 회개하는 기도를 한다. 기도문을 참고하거나, 성령님이 이끄시는 대로 개인적으로 기도를 해도 된다.

회개 기도

나의 죄악된 행위 ______________________ (예: 불신, 용서하지 못한 것, 질투, 비교의식, 다른 사람에게 방어벽 쌓는 것, 우상숭배 등) 를 고백합니다. 이 죄악된 행위를 회개하고 나의 보호자, 공급자, 그리고 나의 필요와 갈급함을 만족하게 하시는 주님께 돌아갑니다. 예수님의 이름으로 이 죄악된 행위를 통해서 사단이 얻었을지도 모르는 어떠한 근거도 철회합니다. 이 죄악된 행위에 다시 빠지지 않고 승리할 수 있게 하시는 성령의 능력과 충만함을 기도합니다. 예수님의 이름으로 기도합니다. 아멘.

4. 당신이 그동안 믿도록 유혹받았던 거짓과 이를 반박할 수 있는 주님의 성품에 관한 진리, 그리고 주님께서 당신에게 관계하시는 방법에 대한 진리를 적어보라. 적절한 말씀을 찾기 위해 부록 1의 "나 자신에 관한 진리들"을 참고할 수 있다. 작은 카드에 써서 가지고 다니다가 냉장고나 거울 같은 잘 보이는 곳에 붙여두면 한동안 기억하는 데 많은 도움이 된다. 1과 33쪽 12번 질문의 거짓– 진리– 성경 구절표 에 적어보라.

....

....

과제

1. 주님의 성품에 관한 진리, 그리고 주님께서 당신에게 관계하시는 방법에 관한 진리를 매일 묵상해보라.
2. 본인과 그룹원들을 위한 하나님에 관한 거짓을 이기는 계속되는 승리와 자유를 위해 기도하라.
3. 다음 과를 준비한다.

6 관계의 하나님

보라 아버지께서 어떠한 사랑을 우리에게 베푸사 하나님의 자녀라 일컬음을 받게 하셨는가 우리가 그러하도다 그러므로 세상이 우리를 알지 못함은 그를 알지 못함이라 _요한일서 3:1

시작

자신이 사랑하는 것을 쟁취하기 위해서 싸우는 남성을 보는 것은 고무적인 그림이다. 사랑을 쟁취하기 위한 얼마나 많은 이야기의 영화가 만들어졌는지 생각해 보라. 당신이 좋아하는 사랑을 쟁취하기 위한 이야기는 무엇인가?

"내가 확신하노니 사망이나 생명이나 천사들이나 권세자들이나 현재 일이나 장래 일이나 능력이나 높음이나 깊음이나 다른 어떤 피조물이라도 우리를 우리 주 그리스도 예수 안에 있는 하나님의 사랑에서 끊을 수 없으리라" 로마서 8 38-39.

하나님의 자녀들은 그분의 사랑에서 분리될 수 없다. 아버지께서 나를 향한 사랑을 나타내시지만, 그 사랑의 깊이와 넓이는 나의 이해를 초월한다. 성경은 하나님과 나의 관계를 설명하는 은유로 가득 차 있다. 이것들은 나에게 그분의 나에 대한 영광스러운 사랑의 모습을 엿볼 수 있게 해준다.

가장 친밀한 관계

다음과 같은 관계 성경에 나오는 하나님과 우리의 관계 가운데 떠오르는 단어들을 아래의 표에 각각 채워보라.

아버지/자녀	남편/아내	친구/친구	주인/종	양치기/양
보호자	친밀함	동반자	순종	돌봄

주님께서는 위의 관계들 가운데 한 가지만을 나와 나누시는 것이 아니라, 모든 관계를 종합하여 나와 공유하신다. 세상의 어떤 관계도 하나님과 나 사이의 유대관계의 친밀함을 적절히 표현하지 못한다. 그러나 주님께서는 나에게 이런 비교 대상을 주셔서 내가 하나님의 완전한 사랑을 이해할 수 있도록 도우신다.

1. 하나님과 나의 관계를 더욱 온전히 이해할 수 있도록 말씀에서 나타나는 다른 비유들은 어떤 것들이 있는가?

안타깝게도, 우리는 죄성을 가진 사람들이므로 불완전한 방법으로 서로를 대하게 된다. 결과적으로, 관계를 질적으로 손상하고 관계에 대한 왜곡된 모습을 갖게 된다. 만약 내가 이러한 관계의 훼손된 표상을 모델로 삼는다면, 하나님께서 비슷한 관계의 방법으로 나에게 다가오실 때 나는 이런 관심을 받는 것이 편하지 않을 것이다.
예를 들어, 만약 나의 부모님이 잦은 불화로 부부간의 사랑의 본을 보여주지 못했다면,

나는 남편으로서의 하나님과 교제하는 것에 상당한 어려움을 느낄 것이다. 또한 당신이 어린 시절, 가까운 친구로부터 깊은 상처를 받은 경험이 있다면, 아마도 가까운 친구로서의 하나님 앞에 마음을 열기가 어렵고, 방어적인 입장이 될 것이다.

2. 어떤 관계가 앞의 표와 질문 1에서 하나님과 당신과의 관계를 가장 잘 표현하는가? 이유는 무엇인가? 어떤 관계가 하나님과 교제할 때 가장 자신과 관련이 적다고 생각하는가? 이유는 무엇인가?

....

....

"믿음으로 말미암아 그리스도께서 너희 마음에 계시게 하시옵고 너희가 사랑 가운데서 뿌리가 박히고 터가 굳어져서 능히 모든 성도와 함께 지식에 넘치는 그리스도의 사랑을 알고 그 너비와 길이와 높이와 깊이가 어떠함을 깨달아 하나님의 모든 충만하신 것으로 너희에게 충만하게 하시기를 구하노라" 에베소서 3:17-19.

내가 부담스럽거나 피하고 싶은 인간관계는 나와 하나님과 친밀한 교제에도 영향을 준다. 주님은 의도적으로 이러한 각 영역에서 내 삶에 대해서 가르치신다. 내가 서로를 포용할 때 나는 하나님께서 나에게 바라시는 관계의 깊이를 경험할 것이다. 바울은 성도들을 향하여 "너희가 사랑 가운데서 뿌리가 박히고 터가 굳어져서 능히 모든 성도와 함께 지식에 넘치는 그리스도의 사랑을 알아 그 너비와 길이와 높이와 깊이가 어떠함을 깨달아 하나님의 모든 충만하신 것으로 너희에게 충만하게 하시기를 구하노라" 에베소서 3:17-19 라고 말한다.

그레이엄 켄드릭 Graham Kendrick 의 "Knowing You"라는 노래가 있다. 노래의 시작 부분은 "내가 한때 소중하게 여기고 내 삶을 드렸던 모든 것들… 내가 만난 예수님에 비할 때 더 크고 좋은 것은 없습니다"이다.

주님을 알아가는 삶은 끝나지 않는 모험이다. 우리 주 예수 그리스도와 나를 향한 하나님 아버지의 사랑에 관한 올바른 견해를 갖는 것은 건강한 정서적, 영적 생활을 하는 데 필수적이다. 그것은 또한 내가 어떻게 다른 사람을 사랑하는가에 영향을 미칠 것이다.

나는 그분의 아들을 앎으로써 아버지를 알 수 있다. 예수님은 "나와 아버지는 하나이니라" 요한복음 10:30 라고 말씀하셨다. 요한복음 14:7에서 예수님은 제자들에게 "너희가 나를 알았더라면 내 아버지도 알았으리로다 이제부터는 너희가 그를 알았고 또 보았느니라"라고 말씀하셨다. 복음서를 읽으면서 우리에 대한 예수님과 하나님 아버지의 놀라운 사랑을 깨닫는다.

하나님의 마음

1. 인도하시는 하나님

시편 23편은 목자이신 하나님께서 양인 나를 어떻게 인도하시는지를 보여준다. 그분은 나를 아시고 내 앞에 놓인 길을 아신다. 그분은 그분의 말씀과 지팡이로 나를 인도하신다. 그분은 나의 필요와 나의 소원을 알고 계신다.

3. 시편 23편을 읽으면서 나는 하나님이 우리와 적극적으로 관계하시는 것을 본다. 당신의 삶에서 하나님의 능동적인 인도하심을 보는가? 어떤 방법으로인가?

....

....

남성으로서 우리는 삶의 일을 통제하고 고치는 것을 좋아한다. 그러나 나는 하나님을 찾고 그분의 인도를 받도록 부름을 받았다. 나는 나 자신의 명철을 의지하지 말고 하나님께 내 방식과 통제하려는 마음을 맡겨야 할 것이다 (잠언 3:5-6). 그분은 그분의 지혜로 나를 인도하시고 그분의 능력으로 나에게 힘을 주실 것이다. 나에게 필요한 것은 그분의 방법이 최선임을 신뢰하는 것이다.

4. 당신의 삶에서 하나님의 인도가 필요한 부분은 무엇인가?

....

....

5. 나의 뜻을 내려놓고 하나님을 신뢰할 때 하나님께서 나에게 주시는 성경의 몇 가지 약속을 나누어보라 마태복음 6:25-33, 마가복음 7:7-11을 보라.

....

....

2. 사랑하시는 하나님

아버지와 아들의 관계는 가장 강력한 사랑을 표현하는 관계 중 하나이다. 나에 대한 하나님 아버지의 관계적 결속은 완전한 사랑이다. 나는 그분의 피조물일 뿐만 아니라 그분의 자녀이기도 하다. 그분은 우리 각자에게 깊은 애정을 갖고 계시며 내가 그 같은 사랑을 알기를 원하신다.

> "보라 아버지께서 어떠한 사랑을 우리에게 베푸사 하나님의 자녀라 일컬음을 받게 하셨는가 우리가 그러하도다 그러므로 세상이 우리를 알지 못함은 그를 알지 못함이라" 요한일서 3:1.

예수님은 "내 양은 내 음성을 들으며 나는 그들을 알며 그들은 나를 따르느니라 내가 그들에게 영생을 주노니 영원히 멸망하지 아니할 것이요 또 그들을 내 손에서 빼앗을 자가 없느니라 그들을 주신 내 아버지는 만물보다 크시매 아무도 아버지 손에서 빼앗을 수 없느니라"라고 요한복음 10:27-29에서 말씀하셨다.

아버지께서는 나를 그분의 손안에 넣으셨다. 누구도 나를 하나님의 강력한 사랑에서 떼어 놓지 못한다.

6. 남성으로서 다른 사랑이나 하나님으로부터 사랑을 받는 것이 여러 가지 이유로 어려울 수 있다. 당신은 누구에게 사랑받기가 힘든가? 왜 그런가?

....

....

3. 찾으시는 하나님

"사람들이 너를 일컬어 거룩한 백성이라 여호와께서 구속하신 자라 하겠고 또 너를 일컬어 찾은 바 된 자요 버림받지 아니한 성읍이라 하리라" 이사야 62:12.

이사야서 62:12는 거절당하고 낙담한 백성을 찾으시는 하나님을 묘사한다. 이 예언은 '하나님의 백성이 조롱당하고 있는 가운데 그들의 열악한 환경은 하나님께서 그들을 버리셨다는 것을 의미하는 것이다'라는 말을 들었을 때 하나님의 백성들을 위해 이사야에게 주어진 것이다.

그들의 삶의 낮은 시점에서 하나님은 그들에게 "찾은 바 된 자"라는 새로운 이름을 주시며 부드럽게 말씀하신다. 일부 번역에는 "돌봄"이라고 되어 있다. 두 가지 의미 모두 히브리어로 묘사된다.

하나님은 하나님의 백성들을 열렬히 찾으시고, 사랑으로 쫓으시며, 그들의 모든 필요를 다정하게 돌보시고, 그들에게 격려할 새 이름을 주시면서 그들을 그분께로 돌이키도록 하신다. 하나님은 나에게 강요하지 않으신다. 그분은 나의 우상 나의 관심과 헌신을 필요로 하는 사람이나 사물 에서 돌아서서 그분께로 돌아오라고 나를 부르신다. 그리고 아버지의 사랑으로 나를 반갑게 맞아 주신다.

7. 하나님 아버지께로 가까이 나아가는 데 방해가 되는 사람이나 사물이 있는가?

8. 아버지 하나님께서 어떻게 사랑과 돌봄으로 당신을 쫓고 계시는가? 당신은 어떻게 반응하고 있는가?

4. 징계하시는 하나님

히브리서 12:5-11

9. 하나님의 징계가 어떻게 나에 대한 그분의 사랑을 나타내는가?

10. 하나님께서 과거에 어떻게 당신을 징계하셨는가? 예를 들어보라.

5. 격려하시는 하나님

이사야 41:9-10, 마태복음 6:25-34, 마태복음 7:9-11

11. 이 구절들은 당신을 향한 아버지의 깊은 사랑을 어떻게 보여주는가? 이것은 현재 당신이 직면하고 있는 여러 가지 도전적인 상황 가운데 어떻게 당신을 격려하는가?

공동체 나눔

1. 때때로 나는 하나님을 사랑의, 공급하고, 돌보시는 아버지로 보는 데 어려움을 겪는다. 이러한 사랑의 특성 중 어떤 것이 당신에게 어려운가? 왜 그런가?

하나님은 나의 사랑을 위해 경쟁하지 않으신다. 하나님은 나의 처음 사랑 되시는 그분에게서 멀어지게 하는 사람이나 사물로부터 내가 돌아서기를 기다리고 계신다. 나의 주의를 산만하게 하는 것들의 예는 다음과 같다: 야망과 목표, 취미, 죄악된 습관, 잘못된 시간 관리, 물질, 사역, 직업 또는 내 삶의 특별한 사람들 등이다.

그리스도께서는 바로 이 일에 대해 에베소 교회를 권고하신다.

> "또 네가 참고 내 이름을 위하여 견디고 게으르지 아니한 것을 아노라 그러나 너를 책망할 것이 있나니 너의 처음 사랑을 버렸느니라" 요한계시록 2:3-4.

나의 열정은 가치가 있지만, 나의 헌신이 그리스도에 대한 최우선 순위가 아닌 방식으로 나의 관심을 소모하기도 한다. 하나님 자신보다 사역 자체가 나에게 더 중요해질 수도 있다. 주님께서 당신의 마음을 살피시고 당신이 하는 모든 일이 진정으로 그분의 영광을 위한 것인지 점검해보아야 할 것이다. 당신의 사역에 대한 헌신이 매일 기도, 예배, 하나님의 말씀을 묵상하는 개인 경건의 시간을 빼앗지 않도록 하라. 에베소 교회는 하나님의 영광을 위하여 선한 일을 행하였으나 하나님은 그들이 처음 사랑을 잃어버렸기 때문에 기뻐하지 않으셨다.

2. 잠시 시간을 내어 당신의 처음 사랑이신 그리스도로부터 당신을 산만하게 할 수 있는 당신 삶에 있는 다른 우상들을 조용히 고백하라 90쪽의 질문 7 참조.

3. 내가 성경을 묵상하고 하나님을 경배할 때 그것은 나를 아버지와 함께 걷는 더 깊은 친밀함으로 인도한다. 이러한 성장을 위해서 당신은 무엇을 할 수 있는가?

1. 이번 주에 배운 말씀을 묵상해보라. 나와 하나님의 관계는 어떠한지 돌아보고 진리의 말씀으로 생각을 새롭게 하여 하나님과의 관계를 재정립하라.
2. 다음 과를 준비한다.

7 내 영혼의 만족자

골수와 기름진 것을 먹음과 같이 나의 영혼이 만족할 것이라 나의 입이 기쁜 입술로 주를 찬송하되 _시편 63:5

시작

모든 사람은 각자 음식, 취미, TV 프로그램, 옷, 스포츠 등 각자가 선호하는 것이 있다. 이것들을 경험할 때, 우리는 만족감을 느낀다. 당신에게는 어떤 것들이 즐거움과 만족을 가져다 주는가?

주님 안에서만의 만족

예수님께서는 내가 "생명을 얻게 하고 더 풍성히 얻게 하려고" 요한복음 10:10 오셨다고 말씀하신다. 킹 제임스 성경에서는 예수님께서 나의 삶이 "더 풍성하게" 하기 위해 오셨다고 말씀하신다. NLT 성경에는 "나의 목적은 그들에게 풍성하고 만족스러운 삶을 주는 것이다"라고 되어 있다.

"풍성하게"라는 단어는 "프리소스" psrissos 라는 그리스어에서 온 말인데 "어느 정도의 숫자, 단위, 필요를 초과하고, 비범한, 평범하지 않은, 더욱 놀라운, 더욱 훌륭한, 차고 넘치는, 필요보다 많은" 스트롱의 용어색인 의 뜻을 가진다.

그리스도께서는 우리에게 매우 만족된 삶을 주셔서 다른 사람들에게 이것이 놀랍게 보이기를 원하신다. 이 땅에 오신 그분의 뜻은 기본적인 욕구를 채우는 것을 훨씬 넘어서서 우리의 영혼을 고차원적인 만족감으로 채우는 하나님과의 관계를 우리에게 주시는 것이다.

그런데 불행히도 우리 중에 많은 사람들은 "놀라운", "풍성한", "만족스럽다"고 할 만한 삶을 살고 있지 못하다.

1. 풍성하고 만족스러운 삶을 경험하고 있지 못하는 성도들이 있다면, 그 이유는 무엇이라고 생각하는가?

2. 하나님에 의해 진실로 만족된다는 의미는 무엇이라고 생각하는가? 하나님 한 분만으로 온전히 만족하는 사람의 삶은 어떤 모습이라고 생각하는가?

3. 시편 62:5-8, 63:1-8을 읽어보라. 이 말씀을 바탕으로 다윗과 하나님과의 관계에 대하여 설명해보라.

"하나님의 형상을 가진 자로서 우리 영혼의 가장 깊은 목마름과 격렬한 배고픔은 주님 안에서 기뻐하는 것이다. 우리는 주님의 기쁨을 아는 만큼 주님을 기뻐한다"(*Objects of His Affection*, Scotty Smith, 69).

시편 63:1에는 다윗이 "내 영혼이 주를 갈망하며 내 육체가 주를 앙모하나이다"라고 말하고 있다. 작가이며, 목회자인 스카티 스미스(Scotty Smith)에 따르면, 이 갈망은 하나님께서 우리 안에서 기뻐하심을 우리가 경험한 후에 나타나는 결과이다.

다윗은 하나님의 사랑과 깊이 교제하고 있었다. 다윗은 성소에서 하나님의 권능을 경험하였지만, 하나님의 사랑과 그의 안에서 기뻐하심 또한 깊이 알고 있었다 (시편 62:12).

4. 시편 63:5에서, 다윗은 주님 안에서 깊은 만족을 경험하고 있다. 주님과 동행하며 사는 삶을 "가장 기름진 음식 을 먹음과 같이"으로 여겨 만족하며 사는 사람을 어떻게 생각하는가?

....

....

하나님이 우리 영혼의 만족자가 되기를 원하신다고 해서 우리에게 사람이 필요하지 않다는 의미는 아니다. 하나님께서는 그리스도의 몸을 종종 사용하셔서 우리를 주관하시고 이런 갈급함을 채워주신다.

그러나 이러한 갈급함이 어떻게 그리고 누구에 의해서 채워질 것인가는 우리에게 달려있는 것이 아니다. 우리는 우리의 영혼의 만족자이신 하나님께 가장 먼저 달려가야 한다. 인간은 인간에게 너무 빨리 달려가거나, 그렇지 않으면 누구와도 관계하고 싶지 않아 홀로 떨어지려는 성향을 갖고 있어서 주님께서 우리의 삶에 그리스도의 몸으로 사용하실 수 없도록 하기도 한다 (Joyce Meyer).

5. 당신은 어느 쪽에 더 가까운가?

....

....

갈급하도록 창조됨

말씀에서 다윗도 역시 하나님을 갈망한다고 말한다. 우리는 많은 다양한 갈급함을 가지고 태어났으며, 그것들은 내가 하나님과 친밀한 관계를 형성하도록, 그리고 나의 삶에서 주님이 그 뜻을 이루시도록 우리를 움직일 수 있게 주어진 것이다.

갈급함의 예로는, 사랑받기 원함, 소속감, 안정감, 중요함, 이해받고 싶음, 예배의 갈급함 등이 있다.

6. 당신이 느끼는 채워지지 않는 갈급함은 어떤 것들이 있는가? 이렇게 채워지지 않는 갈급함의 결과로 인해 어떤 느낌이 드는가?

....

....

....

하나님이 주신 갈망	불법적인 방법으로 채우는 갈망
하나님이 나를 사랑하시고 기뻐하신다는 것을 확신하는 것	여러 대가를 치르면서 다른 사람으로부터 인정을 구하고, 다른 사람들과 비교하는 것
하나님의 아름다움에 매료되는 것	스릴 추구, 생명을 위협하는 행위, 마약 또는 알코올 중독, 공상, 돈, 음란물, 오락 및 부도덕
아름다움, 예배 – 하나님과 그분의 창조물의 아름다움을 바라보며 그분을 경배하는 것	외모 및 몸매 집착(과도한 운동), 비교, 완벽주의, 여자에 대한 욕망, 음란물
위대함 – 다가올 왕국시대에 통치 역할을 준비하며, 겸손한 종으로서 나의 삶을 사는 것	나의 과잉 성취, 비교, 속이기, 거짓말, 통제, 성공 몰두, 탐욕, 성적 능력 증명, 강간, 살인
부끄러움 없는 친밀감 – 하나님과 다른 사람들을 부끄러움 없이 완전히 아는 것	관계 통제, 정욕, 혼인 밖의 모든 형태의 성행위, 자위행위, 강간
깊고 지속적인 영향력 – 하나님의 나라를 위해 다른 사람의 삶에 변화를 주기	과대성취자, 일중독자, 자녀의 성취 통제, 아나 무시, 탐욕
전심 – 온 마음을 다한 사랑으로 열정적으로 하나님을 따르는 것	정욕, 율법주의, 우상숭배

나의 갈망을 만족하게 하시는 하나님

"주께서 생명의 길을 내게 보이시리니 주의 앞에는 충만한 기쁨이 있고 주의 오른쪽에는 영원한 즐거움이 있나이다" 시편 16:11.

"오호라 너희 모든 목마른 자들아 물로 나아오라 돈 없는 자도 오라 너희는 와서 사 먹되 돈 없이, 값 없이 와서 포도주와 젖을 사라 너희가 어찌하여 양식이 아닌 것을 위하여 은을 달아 주며 배부르게 하지 못할 것을 위하여 수고하느냐 내게 듣고 들을지어다 그리하면 너희가 좋은 것을 먹을 것이며 너희 자신들이 기름진 것으로 즐거움을 얻으리라 너희는 귀를 기울이고 내게로 나아와 들으라 그리하면 너희의 영혼이 살리라 내가 너희를 위하여 영원한 언약을 맺으리니 곧 다윗에게 허락한 확실한 은혜이니라"이사야 55:1-3.

"그가 사모하는 영혼에게 만족을 주시며 주린 영혼에게 좋은 것으로 채워주심이로다" 시편 107:9.

7. 이 구절들은 개인적으로 당신에게 어떤 의미가 있는가?

....

....

....

....

하나님은 나를 만족시키시기 원하신다. 내가 주님의 이해를 구할 때 그분은 나의 가장 깊은 갈망을 드러내실 것이다. 나는 내 삶에서 죄를 쉽게 발견하지만 어떤 죄는 내가 나의 갈망을 채우기 위해서 불법적인 방법으로 노력한 결과라는 사실을 거의 인식하지 못하기도 한다.

8. 하나님 밖에서 당신의 갈망을 이루기 위해 노력했던 방법들을 적어보라.

"그러나 여호와께서 기다리시나니 이는 너희에게 은혜를 베풀려 하심이요 일어나시리니 이는 너희를 긍휼히 여기려 하심이라 대저 여호와는 정의의 하나님이심이라 그를 기다리는 자마다 복이 있도다" 이사야 30:18.

"위의 것을 생각하고 땅의 것을 생각하지 말라 이는 너희가 죽었고 너희 생명이 그리스도와 함께 하나님 안에 감취어졌음이라" 골로새서 3:2-3.

9. 위의 구절들은 당신이 하나님과의 관계에서 더 충만해지는 방법에 대해 무엇을 말하는가?

공동체 나눔

1. 이러한 갈급함을 채우기 위해 하나님이 아닌, 다른 것들에 기대려고 했던 경험이 있다면 적어보라.

나의 갈급함을 채우려고 하나님이 아닌, 다른 것들에 기대려고 했던 경험이 있다면 회개하라. 이러한 갈급함을 주님께서 채워주시도록 간절히 소리내어 기도하라. 주님께서 당신에게 더 새롭고 친밀한 방법으로 가까이 오시도록 기도해보라.

이러한 것들을 하나님을 위해 기꺼이 포기하려고 할 때, 주님과의 관계가 더 깊어지는 것을 발견할 수 있을 것이다. 원한다면, 다음의 순복의 기도를 사용하거나, 이와 비슷한 기도를 할 수 있다.

순복의 기도

주님, 내 영혼의 연인이시고 만족자가 되어 주셔서 감사합니다. 삶에 충만함을 가져오기 위해 ______________ (내 영혼을 만족시키기 위해 하나님 이외에 사용해왔던 사물이나 사람)을 바라본 것을 용서하여 주십시오. 나는 삶의 모든 이런 "우상"을 포기하고, 깊은 즐거움과 지속되는 만족을 주실 수 있는 오직 한 분으로서 주님을 인식합니다. 내 갈망의 대상 ______________ (하나님께서 채워주시길 갈망하는 것들을 언급) 에 대해 주님을 신뢰할 수 있는 더 깊은 믿음으로 채워주십시오. 주님을 향한 나의 찬양, 사랑, 의존이 어떻게 더 깊어질 수 있는지 보여주십시오. 예수님의 이름으로 기도합니다. 아멘.

2. 주님께서 원하시는 주님과 나의 관계를 더 깊게 만들어 주는 믿음의 다음 단계는 어떤 것들이 있는지 적어보라.

3. 내 영혼의 갈급함에 대하여 나눌 때 더 신뢰하고 솔직하게 대할 수 있는 사람이 있는가? 그 이름을 적고, 이번 주에 대화를 나누어보라.

과제

1. 한 주간 동안 당신의 새로운 "믿음의 단계"(적용 2번)를 연습하라.
2. 다음 과를 준비한다.

More than Conquer_

3부

넉넉히 이기는 자

8 승전을 위한 준비

근신하라 깨어라 너희 대적 마귀가 우는 사자 같이 두루 다니며 삼킬 자를 찾나니 너희는 믿음을 굳건하게 하여 그를 대적하라… _베드로전서 5:8-9

시작

전투에서 군대를 물리치는 데 중요한 요소는 무엇이라고 생각하는가?

....

....

삶은 끊임없이 좋은 일들과 나쁜 일들이 계속된다. 어떤 날은 기쁨, 웃음, 행복으로 가득 차고, 어떤 날은 슬픔, 후회, 상실로 가득찬다. 나의 환경과 인간 관계는 나의 육체적, 감정적, 영적인 상태에 영향을 준다. 이것들은 모두 육적인 범위의 것들이다.

그러나 종종 우리는 우리의 일상 생활에 직접적으로 영향을 끼치는 영적인 세계의 힘이 존재한다는 것을 깨닫지 못한다. 사도 바울은 "마귀의 간계를 능히 대적하기 위하여 하나님의 전신갑주를 입으라 우리의 씨름은 혈과 육을 상대하는 것이 아니요 통치자들과 권세들과 이 어둠의 세상 주관자들과 하늘에 있는 악의 영들을 상대함이라" 에베소서 6:11-12 라고 명백히 말한다.

영적 전쟁

"뱀이 그 간계로 하와를 미혹한 것 같이 너희 마음이 그리스도를 향하는 진실함과 깨끗함에서 떠나 부패할까 두려워하노라" 고린도후서 11:3.

앞의 세 곳의 말씀에서 베드로전서 5:8-9, 에베소서 6:11-12, 고린도후서 11:3 사단과 사단의 추종자들은 우리의 "대적", "우는 사자", "마귀", "어둠의 세상 주관자, 통치자, 권세들", "악의 영들", "뱀"이라고 불린다.

1. 이 말씀들은 어떤 방법으로 내가 대적으로부터 영향을 받는다고 말하고 있는가?

....

....

하나님의 말씀에는 사단을 묘사하는 많은 이름들이 나온다.
미혹자(계 12:9, 고후 11:3), 거짓말쟁이(요 8:44), 시험하는 자(마 4:3, 살전 3:5), 형제들을 참소하던 자(계 12:10), 누르는 자(행 10:38), 사로잡는 자(딤후 2:26), 살인한 자(요 8:44), 원수(마 13:39), 악한 자(마 13:19, 38, 요일 2:13; 3:12; 5:18), 대적(벧전 5:8), 공중의 권세 잡은 자(엡 2:2), 큰 용(계 12:3), 죄짓는 자(요일 3:8), 바알세불(마 12:24, 막 3:22, 눅 11:15, 19), 벨리알(고후 6:15), 중상하는 자의 의미인 마귀(행 10:38, 눅 13:16, 계 12:9).

2. 사단의 이름들을 바탕으로, 사단이 우리를 공격하는 방법에는 어떤 것들이 있는가?

....

....

3. 당신 주위에 이러한 어둠의 세력이 있다는 사실을 얼마나 자주 인식하는가?

....

4. "우리는 마귀를 물리칠 수 있다"는 말을 당신은 어떻게 생각하는가?

....

....

하나님의 전신갑주

에베소서 6:10의 하나님의 전신갑주에 대한 말씀에서 바울은 "너희가 주 안에서와 그 힘의 능력으로 강건하여지고"라고 말한다. 나의 힘만으로는 마귀의 간계에 대항하여 싸울 수 없다. 우리는 매일 성령의 권세와 "마귀의 간계를 능히 대적하기 위하여"11절 라는 말씀에 의지할 필요가 있다.

이 말씀에는 동사가 많이 있음을 주목하라: 강건해지라, 입으라, 대적하라, 굳건히 서라, 들어라, 기도하라, 깨어 구하라.

원수들에 대항하고 싸울 수 있게 하는 내가 할 수 있는 많은 일이 있다. 이것들은 상세하고도 확실한 표현들이다. 내가 아무 일도 안 하고 그저 앉아서 원수가 나를 괴롭히지 않기를 바라지 않도록 나를 격려한다.

우리 중에 어떤 사람들은 그리스도인으로서 악한 것을 생각할 필요가 없다고 생각한다. 이 말씀들과 더 많은 말씀은 직접적으로 믿는 자들을 위한 것이다. 바울은 원수의 공격에 대해 우리에게 경고하며, 주님의 권세 안에서 대항하고 싸우기를 촉구한다. 우리는 주님 안에서 강해지기 위해 하나님의 전신갑주를 입을 것을 당부받는다. 이 전신갑주는 처음에는 몇 가지의 방어적인 무기를 포함하고, 그 후에는 공격적인 무기로 끝난다.

5. 방어적인 무기는 어떤 것이고, 공격적인 무기는 어떤 것인지 나열해 보라.

....

....

6. 이러한 다양한 전신갑주의 각각의 의미가 무엇인지, 그리고 그것들이 어떻게 나를 보호하는지 논의해보라.

7. 재정적, 인간관계적, 상황적, 건강, 기분, 영적 등 삶의 여러 어려움을 생각할 때 나의 영적 싸움에서 이 문제들이 얼마나 많이 연결되어 있다고 생각하는가?

마귀는 거짓과 속삭임을 통해 나를 풀이 죽게 만들고, 두려움에 눌리게 하고, 죄짓게 유혹하고, 하나님의 성품을 의심하도록 한다. 사단 마귀는 나를 죄의 길로 유혹한다. 나의 자신감을 훼손시키고, 나의 관계를 망치고, 기쁨을 없애버리고, 주님께 대한 예배를 빼앗아 간다. 그리고 하나님을 섬기는 데 있어서 나를 무기력하게 만든다.

그러나 궁극적으로, 하나님께서 원수 사단 마귀를 다스리시고 하나님의 허락 없이는 그들이 아무것도 할 수 없다는 것 욥기 1:6-12 을 우리는 항상 기억해야 한다. 하나님께서는 모든 것이 합력하여 선을 이루시도록 로마서 8:28 하신다. 심지어 여러 어려움과 원수의 공격까지도 사용하신다.

우리는 원수를 무서워할 필요가 없다. 이것이 왜 바울이 "굳건히 서라" 그리고 "주님과 그의 전능한 권세 안에서 강해지라"고 말하는 이유이다.

하나님께서는 나를 보호하실 것이지만, 우리 각자는 악한 자에게 맞서 주님의 이름을 외칠 필요가 있다. 하나님께서는 나에게 주님의 이름으로 귀신을 쫓아낼 수 있는 권능을 주셨다 마가복음 16:17. 이는 모든 믿는 자가 그리스도와 성령님 안에서 권위와 권세를 가지고 있어서 바울은 디모데에게 두려워하지 말라고 권면하였다.

"하나님이 우리에게 주신 것은 두려워하는 마음이 아니요 오직 능력과 사랑과 절제하는 마음이니" 디모데후서 1:7.

틈과 견고한 진

1. 틈

"분을 내어도 죄를 짓지 말며 해가 지도록 분을 품지 말고 마귀에게 틈을 주지 말라" 에베소서 4:26-27.

분노가 죄는 아니지만, 죄가 될 수 있는 것을 표현하고 있다. 분노가 통제되지 않거나, 다른 사람을 조종하고 통제하는데 쓰일 때 육체적인 폭력, 폭력의 협박, 언어 폭력 죄가 된다.

우리는 모두 때때로 화가 날 수 있다. 그러나 분노를 통해 다른 사람들을 상처 주지 않도록 자기 통제를 위해 기도하고 성령님께 간구하여야 한다. 에베소서 4:29은 다른 사람을 향한 우리의 말이 주님께서 허용할 수 있는 것인지를 결정할 수 있는 분명한 원칙을 제시한다. "무릇 더러운 말은 너희 입 밖에도 내지 말고 오직 덕을 세우는 데 소용되는 대로 선한 말을 하여 듣는 자들에게 은혜를 끼치게 하라."

주님께서는 분노가 쓴뿌리가 되지 않도록, 내가 화난 상태로 머물지 않도록 격려하신다. 하나님께서는 내가 주님, 그리고 다른 사람과의 교제 가운데 분노를 잘 다스리기를 원하신다.

만약 우리가 분노를 다스리지 못한다면 그것이 내 마음에 남아 틈이 될 것이다. "틈"은 어떤 기반을 제공한다. 사단에게 기회를 주는 것이다. 파괴적인 생각과 유혹으로 나를 공격하도록 허락하는 것이다. 틈은 분노의 결과뿐만이 아니라,

내 마음속에 고백하지 않은 죄를 숨길 때의 결과로도 나타난다.

8. 분노나 고백하지 않은 죄가 나의 삶에서 사단이 일할 수 있도록 어떠한 기회를 주고 있는가?

....

....

2. 견고한 진

"우리의 싸우는 무기는 육신에 속한 것이 아니요 오직 어떤 견고한 진도 무너뜨리는 하나님의 능력이라 …" 고린도후서 10:4.

사단의 "견고한 진"은 삶 가운데 사단의 추종자들이 계속해서 내 안에 존재할 수 있도록 접근 기반을 주는 것이다. 그들은 내 곁에서 나를 짓누른다. 그들은 나의 삶에서 더욱 큰 힘을 발휘할 수 있기에 평상시 나에게 닥치는 평범한 거짓말, 유혹, 어려움보다 제거하기가 더 어렵다.

견고한 진은 여러 가지 방법으로 전개될 수 있다.

1) 우리가 어느 한 부분에서 계속적으로 죄를 짓고 고백하지 않을 때, 그리하여 그것이 우리의 습관이 되어 우리의 생각과 행동을 좌지우지할 때이다. 이는 또한 만약 우리가 계속하여 하나님의 말씀과 반대되는 거짓을 믿기를 선택하거나, 죄를 고백하지 않을 때 나타날 수 있다.
2) 견고한 진은 한 세대에서 다음 세대로 전해질 수 있다. 이런 경우에 당신은 세대에 걸쳐 계속하여 반복되는 같은 죄를 발견하게 될 것이다.
3) 만약 우리가 지금까지 마약, 미신, 우상숭배, 낙태, 성적인 죄, 남용 등에 연루되었다면, 그것은 견고한 진을 이루도록 마귀에게 문을 활짝 열어주

는 것이다.

■ **사단의 견고한 진의 다른 형태들:**

질투, 이기심, 불화, 증오, 중독, 신랄함, 분노, 용서하지 않음, 자만, 정욕, 더러운 생각, 부도덕, 우상숭배, 두려움, 불안함, 근심, 특정한 것에 대한 중독 (음식, 마약, 술), 동성애, 방탕함, 섭식장애, 포르노.

만일 당신이 알고 있는 모든 죄를 고백했음에도, 계속해서 진리 안에 마음이 새롭게 되었음에도, 기도를 했음에도, 현명한 친구, 인도자, 목사, 상담자에게 도움을 구했음에도, 신체적인 병과 관련이 없음을 확인했음에도 아직도 어려움을 겪고 있다면 이는 악의 영들과 관련이 있는 것 에베소서 6:12 으로 볼 수 있다.

악의 영들은 내 주위를 맴돌 수 있는 권세나 허락을 받은 것처럼 보인다. 심지어 내가 조용한 시간을 보내거나, 교제하거나, 성령님께 함께 해달라고 간구할 때, 성경말씀을 외우고 묵상할 때도 이러한 어두움의 세상 주관자들은 아마 없어지지 않을지도 모른다.

그러나 그들은 내가 예수 그리스도의 권세로 맞서고, 꾸짖고, 가라고 명령할 때 반드시 떠나게 된다. 이것들로부터 자유롭게 될 수 있는 핵심이 바로 "기도"이다.

앞의 고린도후서 10:4에서 주님께서는 우리의 무기가 견고한 진을 무너뜨릴 수 있는 신성한 권세가 있다고 말씀하신다. 기도, 말씀, 성령님은 우리의 전쟁 무기이다.

공동체 나눔

1. 당신의 삶 가운데 견고한 진에 묶여있는 부분이 있는가? 그것은 어디서부터 시작되었다고 생각하는가? 이것이 처음 시작되었을 때 몇 살이었는가? 디 견고한 진이 시작되었을 때 당신의 삶에서 어떤 일들이 일어나고 있었는가?

과제

1. 주님께 거짓, 틈, 견고한 진을 밝히는 것을 도와달라고 기도하고 간구하는 시간을 가지라.
2. 한 주간 동안 적의 간계에 대적할 수 있도록, 거짓과 유혹에 대항하여 굳건히 설 수 있도록 서로를 위해 기도하라. 하나님께서 각 그룹원들의 강력한 기도시간을 위해 보호하시고 준비시키도록 기도하라.
3. 다음 과를 준비한다.

9 전쟁에서 이기다

우리의 싸우는 무기는 육신에 속한 것이 아니요 오직 어떤 견고한 진도 무너뜨리는 하나님의 능력이라 … _고린도후서 10:4

시작

군대가 전투에서 지는 주된 요인은 무엇이라고 생각하는가?

우리는 좋든지 싫든지 간에 전투중에 있다. 우리가 이미 전쟁에서 이겼음을 확실히 알고 있지만, 매일의 전투는 지치게도 하고, 그 과정에서 어려움을 느낄 수도 있다.

원수를 물리치기 위해 효과적으로 기도하는 방법을 배우는 것은 매우 중요하다. 이번 과에서는 악한 자를 물리치는 기도를 통해 "전투하는 법"을 단계적으로 배울 것이다.

전투에서의 승리: 마귀의 영향에서 벗어나기

많은 경우, 죄악의 행동 혹은 방어적인 행동들은 나의 마음에 속박으로 매어 있다. 내가 이것들을 고백하고 회개하지 않는 한, 악한 자는 다시 돌아올 입구를 찾아서 더욱 더 강한 힘을 가지고 돌아올 것이다.

"더러운 귀신이 사람에게서 나갔을 때에 물 없는 곳으로 다니며 쉬기를 구하되

얻지 못하고 이에 이르되 내가 나온 내 집으로 돌아가리라 하고 가서 보니 그 집이 청소되고 수리되었거늘 이에 가서 저보다 더 악한 귀신 일곱을 데리고 들어가서 거하니 그 사람의 나중 형편이 전보다 더 심하게 되느니라" 누가복음 11:24-26.

집이 "청소되고 수리되었다"는 뜻은 마귀의 힘이 몰아내졌지만, 계속적인 죄는 마귀가 사람의 삶으로 다시 들어오는 것을 허락한다.

8과에서 언급되었던 사단의 견고한 진의 다른 형태들 불화, 질투, 이기심, 불만족, 파벌싸움, 신랄함, 풀리지 않은 분노, 용서하지 않음, 자만, 정욕, 더러운 생각, 부도덕, 우상숭배, 공포, 불안, 걱정, 중독(음식, 마약, 술), 동성애, 방탕함, 수음, 섭식 장애, 포르노 은 각각의 견고한 진에 붙은 영들이 있지만, 우리는 각자 동반하는 죄를 고백하고 회개할 책임이 있다.

1. 주님 앞에 고백해야 할 속박된 죄가 있는지 주님께 묻고 기도하라. 이것은 영적으로 견고한 진에서 벗어나기 위한 기도 이전에 준비해야 할 꼭 필요한 단계이다.

....

....

2. 기도함으로 벗어나고 싶은 거짓과 견고한 진을 적어보라. 견고한 진은 거짓, 건강 문제, 두려움, 감정적인 어려움, 하나님 혹은 말씀에 대한 의심, 회복될 것처럼 보이지 않는 관계의 어려움 등의 형태로 나타날 수 있다. 개인적으로 몇 분 동안 당신의 삶에 견고한 진이나 거짓이 있는지 성령님께 이를 드러내주시도록 기도하는 시간을 가지라. 자유함과 치유가 필요한 부분이 있는지 성령님께 물어보라. 또한 억압적인 영들이 삶에 영향을 끼치기 시작했을 때를 드러내달라고 주님께 간구할 수 있다. 몇 살 때 이러한 일들이 있었는가? 당시의 삶에 어떤 일들이 일어나고 있었는가?

....

형제님들에게 이 견고한 진들이 시작된 계기와 때를 드러내달라고 개인적으로 간구하도록 하라. 이 영들이 형제님들의 마음과 정신에 언제, 어떻게 접근하게 되었는지를 아는 것이 절대적으로 필요한 것은 아니지만, 영적 전쟁 기도를 하면서 치유를 받는 데 있어서 이 시작 시점을 밝히는 것이 매우 강력할 수 있다.

영적 전쟁에 대한 기도

다음은 당신의 삶에서 거짓이나 견고한 진을 제거하기 위해 제시된 기도 방법이다. 견고한 진인지 아닌지 확실치 않다면 영적 존재의 여부를 막론하고 매번 영적 전쟁 기도를 하는 것이 도움이 될 것이다.

다음은 자유함을 위한 강력한 승리의 기도에 적용할 수 있는 몇 가지의 원칙들이다. 자신과 다른 사람들이 질문 2에서 나열했던 거짓과 견고한 진에서 벗어나도록 하는 다음의 기도 안내를 따르라.

1. 만약 견고한 진이 그렇게 강하지 않다면 혼자 기도해도 악의 존재는 반드시 떠나게 된다. 그러나 어떤 경우에는 당신이 자유를 경험하기 위해서, 다른 사람에게 기도를 부탁해야 할 필요가 있다 에베소서 6:18, 사도행전 5:16.
2. 당신이 기도해주는 자매가 틈과 견고한 진이 생길 수 있는 모든 죄들을 확실히 회개하였는지 확인해야 한다. 아직도 죄 가운데 살고 있다면 더욱 큰 힘을 가진 악한 영들이 다시 들어오기 때문에 다시는 죄가 들어오지 못하도록 자매가 책임감을 가지고 막도록 해야 한다 누가복음 11:24-26.
3. 찬양으로 기도를 시작하라. 하나님의 성품을 기억하라.
4. 기도할 때 보호해 달라고, 그리고 방해받지 않도록 간구하라.

5. 어둠의 세력에 맞서는 권세로 기도하라. 그리스도께서 주신 권세로 확신과 믿음으로 기도하라 마태복음 28:18, 누가복음 9:37-41; 10:19, 마가복음 16:17a.
6. 그리스도 안에 있는 당신의 위치를 확인하라 에베소서 1:3-14; 18-23, 베드로전서 2:9.
7. 인내와 담대함으로 기도하라. 두려워 말고 싸우라! 성령님을 의지하고 인도함을 받으며, 계속하여 기도하고, 평강, 치유 혹은 자유가 있을 때까지 기다리며 응답을 들으라. 기도를 더 하라!
8. 주님께 직접 기도하고, 소리 내어 말로 기도하라 마태복음 16:23.
9. 주님이 십자가에서 흘리신 피로 인해 예수님의 이름으로 기도하라 누가복음 9:49-50; 10:17.
10. 성경에 따라 기도하라. 성경 말씀을 가능한 많이 사용하여 기도하라 누가복음 4:2-12.
11. 악한 영을 대적하며, 그가 하는 모든 일과 그 세력을 묶는 기도를 하라 마태복음 16:19.
12. 구체적으로 기도하라. 우리는 예수님의 이름으로 특정한 영이 떠나도록 명령할 수 있다. 속박으로 생각되는 감정, 거짓, 행동을 찾아서 각 영에게 이름을 붙이라 예: 두려움의 영, 교만의 영, 분노의 영, 자기혐오의 영, 수치심의 영, 거절의 영, 욕정의 영. '고백하고 포기하는 기도'나 유사한 기도를 사용할 수 있다.
13. 기도를 받고 있는 자매 또한 예수님의 이름으로 악한 세력이 물러가도록 소리 내어 명령해야 한다.
14. 기도해 주는 사람과 그의 가족, 그리고 같이 있는 기도 대원들도 악의 공격으로부터 보호받을 수 있도록 기도하라.
15. 찬양으로 기도를 마치라. 어둠의 세력을 물리친 하나님의 승리를 확신하는 믿음의 찬양을 부르며 마무리하라 누가복음 9:43.
16. 사단의 견고한 진은 이제 물러갔다. 기도하기 전에 있었던 당신의 죄는 더

이상 힘이 없다. 당신에게 영향을 주지 못한다. 그러나 악한 마귀는 재빨리 몇 일 안에 내가 다시 죄를 짓도록 유혹할 것이고, 아직 자유롭지 못하다고 속삭일 것이다. 그러므로 당신은 원수의 공격으로부터 보호를 받기 위해 주님의 전신갑주를 입고 자유함을 선포하는 삶을 살아야 한다 에베소서 6:13-20.

공동체 나눔

내가 그동안 믿어왔던 거짓과 싸우기 위해서는 매일 말씀으로 나의 마음을 새롭게 하는 것이 필수적이다. 나는 또한 그동안 묶고 있던 견고한 진의 결과인 내 삶에서의 죄악된 행동으로 다시는 돌아가지 않도록 책임을 갖고 노력해야 한다.

영적 전쟁의 기도는 놀랍게도 자유와 해방을 나의 삶에 가져다 준다. 그러나 나는 날마다 말씀으로 마음을 새롭게 하고, 성령님의 능력을 의지하여 죄의 유혹을 뿌리치고, 죄를 회개해야 한다. 이렇게 함으로 원수들은 내 삶에서 또 다른 죄의 틈을 갖지 못할 것이다.

"진리를 알지니 진리가 너희를 자유롭게 하리라" 요한복음 8:32.

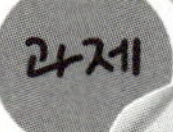

1. 당신 안에 있었던 거짓과 틈, 견고한 진에 직접적으로 대적할 수 있는 하나님 말씀을 매일 묵상하라. 적절한 말씀을 찾는 데 도움이 되는 부록 1의 "나 자신에 관한 진리들"을 참고하라.
2. 만약 9과 중 기도하는 시간에 어떤 고통스러운 경험 학대 (육체적, 성적, 언어적, 감정적, 방관적), 낙태, 부모를 잃음 등의) 에 대한 이야기가 나온다면, 상담을 받거나 더 깊은 기도를 할 수 있도록 시간을 더 길게 갖는 것이 도움이 될 수 있다.
3. 이번 한 주간 동안 원수의 공격에 대적할 수 있도록 각자를 위해 기도하라. 거짓과 유혹에 담대히 맞설 수 있도록 서로를 위해서 기도하라.
4. 다음 과를 준비한다.

10 모든 방해물을 버려라

이러므로 우리에게 구름 같이 둘러싼 허다한 증인들이 있으니 모든 무거운 것과 얽매이기 쉬운 죄를 벗어버리고 인내로써 우리 앞에 당한 경주를 하며 _히브리서 12:1

시작

어떤 종류의 산만함이 운동선수의 경기력을 방해할 수 있는가?

포도원의 여우

"바위 틈 낭떠러지 은밀한 곳에 있는 나의 비둘기야 내가 네 얼굴을 보게 하라 네 소리를 듣게 하라 네 소리는 부드럽고 네 얼굴은 아름답구나 우리를 위하여 여우 곧 포도원을 허는 작은 여우를 잡으라 우리의 포도원에 꽃이 피었음이라" 아가서 2:14-15.

아가서는 솔로몬과 그의 신부에 대한 아름다운 사랑 이야기다. 아가서를 통해 우리는 결혼에 대한 많은 훌륭한 원칙을 배울 수 있다. 그러나 아가서의 가장 중요한 목적은 우리의 신랑이신 그리스도와 그의 신부 교회 안의 우리 각자 사이의 관계를 보여주기 위함이다.

요한계시록 19:7은 주님과 함께할 우리의 결혼식 날에 대해 이야기하고 있다. "우리가 즐거워하고 크게 기뻐하며 그에게 영광을 돌리세 어린 양의 혼인 기약이 이르렀고 그의 아내가 자신을 준비하였으므로."

아가서 2장에서, 우리는 두 사람의 열정적인 연인 사이의 아름답고 로맨틱한 대화를 볼 수 있다. 그러나 대화 도중 솔로몬은 포도원을 망치고 있는 여우를 잡아야 하는 필요성에 대해 경고한다 아가서 2:14-15.

몇 년 전, 내가 영국에서 친구를 방문하고 있을 때, 매일 아침 정원에서 여우들이 놀고 있는 것을 보았다. 귀여워서 밖에 나가서 먹이를 주고 쓰다듬고 싶었다. 이때 내 친구는 많은 사람들이 정원에 막대한 피해를 주는 여우의 장난꾸러기 기질에 현혹된다고 말했다.

1. 열정적인 사랑의 대화 중간에 왜 포도밭의 여우가 언급된다고 생각하는가? 솔로몬이 왜 갑자기 포도원의 여우에 대해서 이야기를 꺼냈다고 생각하는가? 여우가 상징하는 것은 무엇인가? 이 사랑 이야기와 어떤 관계가 있는가? 하나님과 우리의 사랑의 관계에서 "여우"는 무엇으로 해석되는가?

어떤 죄는 여우들처럼 해롭지 않은 것처럼 보이기도 한다. 그러나 죄의 실체는 우리 삶에 커다란 파괴를 가져온다. 솔로몬이 여우에 대해서 말할 때 여우들이 솔로몬과 그의 연인 사이의 아름다운 사랑의 나눔을 방해하고 혼란을 야기한다고 언급한다.

우리는 종종 죄가 우리와 하나님과 관계에 미치는 영향을 깨닫지 못한다. 우리의 시간과 돈, 미래의 꿈, 소유물, 활동, 인간관계를 하나님께 온전히 드리지 않을 때 이러한 것들 역시 우리와 하나님 사이 사랑의 관계에 "방해물" 혹은 "여우와 같은 것"이 될 수 있다.

"이러므로 우리에게 구름 같이 둘러싼 허다한 증인들이 있으니 모든 무거운 것과 얽매이기 쉬운 죄를 벗어버리고 인내로써 우리 앞에 당한 경주를 하며" 히브리서 12:1.

히브리서 12:1은 여우에 대한 부분에 대해 통찰력을 준다. "모든 무거운 것과 얽매이기 쉬운 죄…"라고 하는 것을 주목하라. "과"라는 접속사 단어는 이들이 꼭 같이 아닐 수도 있음을 암시한다.

2. 하나님과의 동행을 방해할 수 있는 것들은 무엇이 있는가?

....

....

사단은 하나님과 우리의 관계를 방해하기 위해 명백한 죄 이외의 것들도 사용할 수 있다. 바쁜 삶은 사단이 오늘날 사용하는 가장 흔한 방법 가운데 하나다. 우리는 직장, 사역, 인간관계, 일상 생활의 일들에 너무 몰두하여 기도와 하나님의 말씀을 배우고 묵상하는 시간을 연장하지 않는다. "열심히 일하고 열심히 놀아라"라는 한 속담이 있다. 때때로 쉬고, 몸을 관리하고, 뉴스를 따라잡고, 인터넷으로 친구들과 연락하고, 취미를 즐기려고 하는 욕망이 하나님께서 우리와 집중적인 교제를 위해 예비하신 시간을 낭비할 수 있다. 특히 미디어를 통해, 우리의 믿음과 신념을 현 사회의 세상을 보는 관점에 쉽게 스며들게 한다. 말씀은 우리가 그리스도의 마음을 가졌다고 말씀한다 (고린도전서 2:16). 사단은 공중의 권세 잡은 자이며 (에베소서 2:1–2), 가치와 신념을 완전히 새로 맞추어 남자들과 여자들이 이를 받아들이도록 유혹한다. 베드로는 이것을 우리에게 경고한다. "사랑하는 자들아, 거류민과 나그네 같은 너희를 권하노니 영혼을 거슬러 싸우는 육체의 정욕을 제어하라" (베드로전서 2:11).

하나님의 말씀을 공부하고 그분의 기준, 확신, 우리의 가치와 신념을 결정할 진리를 찾는 것이 필요하다. 도덕과 문화의 가치가 아닌, 성경적인 가치를 바탕으로 생활 속에서 결정 내리는 것은 필수적이다. 만약 미디어를 사용하느라 많은 시간을 보낸다면, 이는 우리 삶에서 "여우"가 되고, 우리 영혼에 "막대한 피해"를 입힐 수 있다.

3. 생활 속에서 짓는 죄가 당신과 당신의 영혼을 사랑하는 분과의 친밀함에 어떤 영향을 끼쳤는가?

....

....

4. 현재 없애버려야 할 "포도원의 여우" 죄, 방해물 등 가 당신의 주변에 있는가?

....

....

5. 우리를 방해하고 너무 쉽게 우리를 얽매이게 하는 것들을 어떻게 벗어버릴 수 있는가? 또는 솔로몬이 말한 것처럼 어떻게 "여우를 잡을 수" 있는가?

....

....

여우를 잡아라

"그러므로 땅에 있는 지체를 죽이라 곧 음란과 부정과 사욕과 악한 정욕과 탐심이니 탐심은 우상 숭배니라 이것들로 말미암아 하나님의 진노가 임하느니라 너희도 전에 그 가운데 살 때에는 그 가운데서 행하였으나 이제는 너희가 이 모든 것을 벗어 버리라 곧 분함과 노여움과 악의와 비방과 너희 입의 부끄러운 말이라 너희가 서로 거짓말을 하지 말라 옛 사람과 그 행위를 벗어 버리고 새 사람을 입었으니 이는 자기를 창조하신 이의 형상을 따라 지식에까지 새롭게 하심을 입은 자니라" 골로새서 3:5-10.

6. 우리는 어떻게 "옛사람을 벗어버리고, 새사람을 입게" 되는가? 어떻게 새 사람을 입는지에 대해 위 말씀의 마지막 구절을 단서로 삼아라. "이는 자기를 창조하신 이의 형상을 따라 지식에까지 새롭게 하심을 입은 자니라."

7. 갈라디아서 5:16-23을 읽어라. "새사람을 입는" 것에 대한 통찰력을 준다. "새사람을 입는" 것에 있어서 당신의 역할은 무엇인가? 또한 성령님의 역할은 무엇인가?

1. "옛사람"을 벗어버리라

회개는 "여우를 잡는"데 있어서 핵심이다. 당신의 삶에 무거운 것과 죄가 있다면 보여달라고 성령님께 간구하라. 성령님께서 보여주신 죄가 있다면 바로 그것을 하나님께 고백하고 당신을 위해 주님께서 십자가에서 흘리신 피로 깨끗이 씻어지는 용서를 받으라.

그리고 당신의 마음과 삶을 주님께 바치라. 당신을 성령으로 가득 채우고 죄에서 벗어날 수 있도록 힘을 달라고 간구하라. 이 무거운 것, 혹은 죄의 유혹에 다시는 빠지지 않도록 도움을 받을 수 있는 상담할 사람이나, 혹은 다르게 행동할 것이 있다면 가르쳐 달라고 간구하라.

2. "새사람"을 입어라

이제 옛사람을 벗어버렸으니, 새사람을 입을 때이다. 하나님께 기쁨이 되고 경건한 삶을 살 수 있도록 성령님의 힘과 사랑으로 채워달라고 기도하라. 크리스천의 삶을 살기 위해 우리 스스로의 힘, 지식, 지혜, 권세에 의지하는 한 우리는 자주 실패할 것이며, 심한 기복을 경험할 것이다.

크리스천의 승리의 삶은 우리가 매일 기도를 통해 하나님께 우리를 성령으로 채워주시고, 죄, 유혹, 다른 장애물을 이길 수 있는 권세를 주시도록 간구해야 한다는 것을 깨달을 때 시작된다. 성령님께서 죄를 드러내실 때 우리는 즉시 고백하고, 회개 "옛사람"을 벗어버리고 해야 한다. 하나님께 순간순간을 의지하여 사는 것 "새사람"을 입었으니 은 그리스도 안에서 "우리가 넉넉히 이기게"할 것이다 로마서 8:37.

3. 마음을 새롭게 하라

"너희는 이 세대를 본받지 말고 오직 마음을 새롭게 함으로 변화를 받아 하나님의 선하시고 기뻐하시고 온전하신 뜻이 무엇인지 분별하도록 하라"로마서 12:2.

시간이 지나면서 우리는 생각과 행동의 습관을 만들어가게 된다는 것을 기억하라. 비록 우리는 지금 옛사람을 벗어버리고 새사람을 입었지만, 하나님께 우리의 마음을 말씀으로 새롭게 하고 우리의 옛 생각과 습성들을 깨뜨려 달라고 간구해야 한다.

4. 모든 생각을 사로잡아라

"하나님 아는 것을 대적하여 높아진 것을 다 무너뜨리고 모든 생각을 사로잡아 그리스도에게 복종하게 하니" 고린도후서 10:5.

사단은 때때로 옛 생각을 다시 당신 앞에 가져다 준다. 그럴 땐 그리스도께 모든 것을 맡기고 이런 유혹을 이길 수 있는 권세를 주시도록 성령님을 초대하라. 당신의 마음을 경건한 생각으로 새롭게 해달라고 간구하라. 이런 옛 생각들을 대적할 수 있는 말씀 안에 거하라 빌립보서 4:8.

5. 성령으로 충만하라

예수님께서 승천하시기 전에 사도들에게 성령으로 충만하여 복음을 위한 강력한 증인이 되라고 말씀하셨다. "오직 성령이 너희에게 임하시면 너희가 권능을 받고 예루살렘과 온 유대와 사마리아와 땅 끝까지 이르러 내 증인이 되리라 하시니라" 사도행전 1:8.

영적 탄생의 시점에서, 하나님의 영은 우리 안에서 거하기 시작하신다. "그 안에서 너희도 진리의 말씀 곧 너희의 구원의 복음을 듣고 그 안에서 또한 믿어 약속의 성령으로 인치심을 받았으니" 에베소서 1:13.

비록 성령님께서 우리 안에 거하시지만, 우리는 우리 스스로의 노력을 내려 놓고 성령님께서 우리의 삶을 인도하시도록 간구해야 한다. 성령님께서 우리를 채우시고 힘을 주실 때, 우리는 죄를 이길 것이다. "술 취하지 말라 이는 방탕한 것이니 오직 성령으로 충만함을 받으라" 에베소서 5:18.

이 말씀에서 바울이 의미하는 것은 어떤 죄가 우리의 삶을 규정하거나 통제하도록 허락하지 말고 성령님께 우리를 통제하시도록 간구해야 한다는 것이다. 성령님께서는 우리에게 죄에 대한 승리를 주실 뿐만 아니라, 우리의 증거함과 우리에게 주신 영적 은사를 통해 그리스도를 위한 담대한 증인이 되도록 채워주신다 고린도전서 12장. "빌기를 다하매 모인 곳이 진동하더니 무리가 다 성령이 충만하여 담대히 하나님의 말씀을 전하니라" 사도행전 4:31.

다음은 성령 충만을 위한 기도이다. 주님의 영이 당신을 채우셔서 하나님께서 당신에게 주신 권세와 영적 은사 안에서 주님을 섬기고 경건한 삶을 살 수 있도록 하나님께 간구하라.

회개 (알고 있는 모든 죄) + **내어드림** (그리스도의 주권에 당신의 모든 영역의 삶을) + **성령으로 충만함** (기도를 통해) = **승리의 삶!**

8. 개인적으로 기도할 시간을 잠시 갖고, 모든 죄를 고백하고 당신의 삶을 그리스도의 뜻에 내어드리라. 그리고 성령님께 당신을 채우시고 힘을 주시도록 간구하라. 다음의 기도문을 참고하라.

성령 충만을 위한 기도

주님, 나는 ______________________________ (현재 알고 있는 모든 죄)를 고백하고 크리스천의 삶을 살기 위해 혼자의 힘으로 노력했던 모든 것을 고백하고 내려놓습니다. 나는 당신의 주권에 굴복하고 당신의 영광을 위한 나의 삶의 모든 부분을 인도해 주시기를 간구합니다. 성령님으로 나를 채우시고, 인도하시고, 내 삶의 모든 부분에 힘을 불어넣어 주십시오. 그리고 당신께 쓰임받을 수 있도록 당신께서 나에게 주신 영적 은사에 권세를 주십시오. 예수님의 이름으로 기도합니다. 아멘.

6. 서로에게

이 말씀 공부를 통해서 우리는 우리 자신, 하나님 그리고 우리의 영혼을 사랑하시는 분과의 진실된 관계에 집중해 왔다. 우리와 주님과의 사랑의 관계가 깊어지면서, 그리스도와 동행하면서, 서로에 대한 우리의 태도와 행동은 변화될 것이다. 요한복음 15:1–17은 아버지, 아들, 성령님과의 친밀한 관계에 대하여 말씀한다. 그러나 요한복음은 이 관계의 결론은 "반드시 서로 사랑함이 되어야 한다"라고 말씀하며 끝을 맺는다.

"내가 이것을 너희에게 명함은 너희로 서로 사랑하게 하려 함이라" 요한복음 15:17.

우리 자신, 하나님 그리고 우리와 주님과의 관계에서 거짓을 믿는 것의 결과는 다른 사람에게 사랑이 없는 행동을 하는 것이다. 골로새서 3:5–10, 갈라디아서 5:16–23 말씀은 다른 사람들에게 상처 주는 행동 몇 가지를 보여주고 있다.

우리는 지금까지 영적, 감정적인 속박에서 벗어나 새로워질 수 있도록 우리의 마음을 주님께 쏟아 부으며 많은 말씀 공부를 했다. 이 자유의 열매는 더욱 순수하고 경건한 사람으로 하나님과 다른 사람을 사랑하는 것이다.

"그러므로 너희는 하나님이 택하사 거룩하고 사랑 받는 자처럼 긍휼과 자비와 겸손과 온유와 오래 참음을 옷 입고 누가 누구에게 불만이 있거든 서로 용납하여 피차 용서하되 주께서 너희를 용서하신 것 같이 너희도 그리하고 이 모든 것 위에 사랑을 더하라 이는 온전하게 매는 띠니라" 골로새서 3:12-14.

9. 자신과 하나님, 그리고 주님과의 관계에 대해 잘못 믿어왔던 거짓된 것과 당신이 다른 사람들에게 행동하는 모습의 상관관계를 적어보라. 과거와 현재의 경험을 나누어보라. 당신은 골로새서 3:12–14에서 설명한 종류의 사랑을 보여줄 수 있는가?

....

....

우리가 정당화 하기 쉬운 "서로에 대한" 죄가 몇 가지 있다. 이것들을 살펴보고 우리가 어떻게 그토록 쉽게 우리 자신이 "옳다"고 느끼도록 정당화 하는지를 알아보자.

7. 다른 사람과의 비교

다른 사람과 자신을 비교하기가 쉽다. "나보다 이래서 낫고, 나보다 무엇을 더 가지고 있고…." 이것을 지칭하는 성경적인 단어는 '부러움' 혹은 '질투'이다. 부러움과 질투에서 시작되는 죄는 험담, 자기 비하, 불만족, 비방, 앙심, 비판, 불화, 거짓말 등이 있다.

10. 당신은 다른 사람과 어떤 식으로 비교하곤 했는가? 비교하는 것이 당신의 행동에 어떤 영향을 미치는가? 이것이 다른 사람들에게 그리스도의 사랑을 주는 것을 어떻게 방해하는가?

....

8. 용서하지 못함

우리는 다른 사람으로부터 깊게 상처를 받기도 한다. 만약 그 사람이 사과를 하거나 혹은 그것이 우연이었다는 생각이 들면, 우리는 쉽게 용서한다.

그러나 그들이 사과하지 않고 그들의 잘못된 행동을 인식하지 못할 때는 어떤 생각이 드는가? 그럴 때는 용서하기가 매우 어려울 수 있다. 우리가 다른 사람을 종종 용서하지 않는 이유 중 하나는, 우리가 그들을 용서해주지 않는 것이 그들이 우리에게 한 행동에 대해 다시 갚아줄 수 있는 오직 하나의 방법이기 때문이다. 괴로움과 용서하지 않음은 항상 함께한다.

예수님께서는 십자가에서 가장 놀라운 성결된 모습을 보여 주셨다. "이에 예수께서 이르시되 아버지 저들을 사하여 주옵소서 자기들이 하는 것을 알지 못함이니이다…" 누가복음 23:34.

이 자비로운 용서가 우리에게까지 이어지고 있다. 명백히, 십자가 주위의 군인들과 구경꾼들도 자신들이 그리스도를 핍박하고 있다는 것을 알고 있었다. 그러나 예수님께서는 그들의 표면적인 행동을 넘어 멀리 보시고 인간의 타락한 성향을 아셨다. 예수님께서는 우리가 영적인 시각 안에서의 우리 자신을 이해할 수 없음을 알고, 우리를 용서하시고, 이로써 우리가 하나님과의 경건한 관계를 회복할 수 있도록 하셨다. 그렇다. 우리는 항상 서로를 용서하도록 부름받았다.

바울이 말했다. "서로 친절하게 하며 불쌍히 여기며 서로 용서하기를 하나님이 그리스도 안에서 너희를 용서하심과 같이 하라" 에베소서 4:32.

하나님께서는 모든 인간의 심판자이시다. "이는 우리가 다 반드시 그리스도의 심판대 앞에 나타나게 되어 각각 선악간에 그 몸으로 행한 것을 따라 받으려 함이라" 고린도후서 5:10. 사람의 악한 행동을 심판하시는 것은 우리가 아닌, 하나님의 역할이시다. 우리의 책임은 서로를 용서하는 것뿐이다.

마지막으로, 우리가 서로를 용서하지 않을 때, 우리는 결국 속박에 묶이게 된다. 사람들은 자신들이 저지른 잘못된 행동을 잊어버리고 아무렇지도 않게 살아간다. 그러나 만약 우리가 그들을 용서하지 않고 하나님께서 직접 일하시도록 맡기지 않는다면, 우리는 계속해서 매일 상처를 받을 것이다. 우리는 매일 묶일 것이다.

우리에게 상처 준 사람들을 용서하는 것이 하나님의 심판에 맡기는 것이고, 우리를 감정적이고도 영적인 속박에서 해방시켜 준다. 용서는 자유를 가져온다!

11. 다른 사람과 비교하는 생각, 다른 사람을 용서하지 않는 당신의 행동을 어떻게 정당화 시키고 있는가? 이것이 죄가 아니라고 느끼도록 당신 자신에게 어떻게 말하고 있는가?

공동체 나눔

1. 오늘 공부를 통해 주님께 고백할 만한 다른 사람에게 지은 죄를 발견했는가?

2. 회개 기도를 통해 자신이 해야 할 일을 보여달라고 주님께 기도 드리라. 예를 들어, 당신이 상처 준 사람에게 용서를 구하는 행동 같은 것이다. 주님께서 당신의 마음에 주신 것을 적어보라.

용서 기도

주님, ________________가 저를 ______________________ 했습니다. 제 마음에 받았던 상처들이 깨끗하게 없어지면 좋겠습니다. 그를 용서합니다. 그분을 축복해 주십시오. 예수님의 이름으로 기도합니다. 아멘.

3. 당신의 삶에서 다른 사람을 그리스도의 마음으로 대할 수 있도록 돕는 말씀을 찾아서 묵상하고 암기해보라. 예를 들어, 다른 사람에게 화가 나서 견딜 수 없다면 "화"에 대한 말씀을 성경에서 찾아보고, 한 달 동안 적으면서 묵상하라. "온화함"에 대한 말씀을 찾아볼 수도 있다.

과제

1. 요한복음 15:1-17 말씀을 읽고 당신만의 단어로 다시 적어보라. 이 말씀을 통해 무엇을 배웠는지 하나님께 글로 적어보라.
2. 다음 과를 준비한다.

11 그의 영광을 나타내다

그러나 이 모든 일에 우리를 사랑하시는 이로 말미암아 우리가 넉넉히 이기느니라 _로마서 8:37

시작

영화나 소설 속에서 본 "이기는 자"에 대해서 나눠보라. 그가 성공적으로 이길 수 있었던 이유는 무엇인가?

그동안 남성 성경공부를 통해서 하나님은 어떻게 나를 "재" 거짓들과 죄 대신 "화관" 진리와 의 으로, "슬픔" 대신 "기쁨"으로, "절망" 대신 "찬양"으로 바꾸길 원하시는지 보았다. 그리고 하나님 아버지께서 얼마나 내 영혼을 사랑하시는지 보았다. 말씀이 나의 마음을 열어 주님께서 내 안에서 얼마나 기뻐하시는지, 어떻게 사랑으로 나를 찾으시는지, 어떻게 나의 갈급함을 깊게 채워가시는지 보았다.

우리는 나의 영혼의 만족자이신 예수님께 달려가는 데 어려움이 있었다. 우리는 함께 하나님과 다른 이들 앞에서 내 마음 상태에 대하여 매우 솔직했다. 우리는 울부짖고, 기뻐했고, 고백했고, 회개했고, 주님의 긍휼한 사랑과 능력으로 가득 채워졌다.

1. 주님께서는 왜 내가 자유하고, 치유 받고, 새롭게 되기를 원하시는가?

....

....

우리는 왜 이 여정에 동참하는가

하나님께서 치유와 회복, 그리고 성장하는 이 여정에 당신을 참여케 하시는 세 가지의 중요한 이유가 있다.

첫째로, 하나님의 본질은 그의 창조물에게 그분의 사랑을 쏟아 붓고 그의 자녀들과의 친밀한 관계를 기뻐하시는 것이다.

둘째로, 이사야 61:3 끝부분에서 말씀하시길, 우리는 주님의 치유 능력, 사랑, 은혜에 의해 변화되어 여호와의 영광을 나타낼 수 있다고 한다.

마지막으로, 당신의 여정을 통해 복음을 알지 못하는 자들에게 예수님을 전하기 위해서이다.

하나님의 사랑을 받음

 요한복음 15:9–11, 마태복음 6:25–33, 마태복음 7:9–11

2. 하나님께서 그리스도를 향한 사랑과 같이, 그리스도도 우리를 향한 사랑을 갖고 있다고 말씀하신다. 하나님 아버지, 그분의 아들, 하나님의 자녀들 사이의 사랑을 묘사해보라.

....

....

3. 요한복음 15:9-11에서 그리스도는 우리가 그분의 사랑을 체험할 때 우리의 "기쁨이 충만하게" 될 것이라고 말씀하신다. 순종과 하나님의 사랑 그리고 충

만한 기쁨 사이의 상호관계는 무엇인가?

....

....

하나님께 영광을 나타냄

"주는 영이시니 주의 영이 계신 곳에는 자유가 있느니라 우리가 다 수건을 벗은 얼굴로 거울을 보는 것 같이 주의 영광을 보매 그와 같은 형상으로 변화하여 영광에서 영광에 이르니 곧 주의 영으로 말미암음이니라" 고린도후서 3:17-18.

우리는 궁극적으로 나의 행복이 아닌, 그분의 영광을 위해 여기에 있는 것이다. "너희가 열매를 많이 맺으면 내 아버지께서 영광을 받으실 것이요 너희는 내 제자가 되리라" 요한복음 15:8. 비록 하나님께서는 내 안에 선한 일을 행하시며 기뻐하시지만, 내가 변화되어 하나님께 영광을 돌리고 예배하는 삶을 원하신다. 하나님은 나의 모든 찬양과 영광 그리고 예배를 받으시기에 합당하신 분이시다.

누군가가 그리스도 앞에 나아올 때 가장 기쁜 것은 나의 위대한 왕을 위한 또 다른 예배자가 영원히 세워진다는 것이다! 하나님과의 올바른 관계가 회복될 때 하나님은 내 삶의 구주가 되시고, 나는 그분의 능력과 영광 안에 거하며, 원수는 굴복하고, 하나님은 다시 의로운 찬양과 높임을 받으신다.

4. 하나님께서 당신을 통해서 그분의 형상을 닮도록 변화시키신 것에 관한 이야기를 나눠보라.

....

....

....

....

5. 히브리서 12:5-11을 읽어보라. 하나님께서는 어떻게 당신의 성품을 변화시키셨는가?

6. 아버지께서 때때로 우리를 징계하시는 이유가 무엇인가? 11절에 따르면, 징계의 열매는 무엇인가? 당신의 삶에서 예를 들어볼 수 있는가?

"나는 심었고 아볼로는 물을 주었으되 오직 하나님께서 자라나게 하셨나니 그런즉 심는 이나 물 주는 이는 아무것도 아니로되 오직 자라게 하시는 이는 하나님뿐이니라" 고린도전서 3:6-7.

우리를 변화시키시는 분은 하나님이라는 것을 기억하라. 우리의 뜻을 주님께 내어드리고, 우리의 죄 많은 생각, 말, 행동을 회개해야 한다. 그러나 우리 삶에 변화를 가져오시는 분은 오직 주님이시다. 그분께서 모든 영광을 받으신다.

이번 11과는 겸손에 관한 공부이다. 하나님은 우리 삶의 변화를 통해 모든 영광을 받으실 분이시다. 우리와의 관계를 시작하신 분, 관계를 가능하게 하신 분, 우리를 돌보시고 자라게 하신 분도 그분이시다. 그리스도 안에서 우리를 완전하게 하실 분은 하나님이시다. "너희 안에서 착한 일을 시작하신 이가 그리스도 예수의 날까지 이루실 줄을 우리는 확신하노라" 빌립보서 1:6.

우리를 변화시키는 분이 하나님이시라는 것을 깨닫는 것은 우리를 자유롭게 한다. 하나님께서는 우리가 "더 열심히 노력하는" 다람쥐 쳇바퀴 같은 일상에서 벗어나기를 원하신다. 우리는 스스로 노력하는 삶이 아닌, 하나님께 의지하는 삶을 살아야 한다.

이러한 성장을 가져오기 위해 하나님께서 우리가 하도록 원하시는 일들이 있다. 예를 들면, 말씀 읽기, 교제, 기도, 다른 사람 보살피기, 순종 등이다. 그러나 궁극적으로 우리를 변화시키시는 분은 성령님이시다.

7. 당신은 어떤 상황에서 "하나님 의존"이 아닌 "자기 노력"에 빠지는가?

....

....

다른 사람에게 예수님을 전함

하나님께서는 이 세상이 그리스도의 몸인 교회를 통해서 그리스도를 보기를 원하신다. 우리가 아름다움의 관을 쓰고, 의로움의 옷과 찬미의 옷을 입고 걸을 때 세상은 우리 안의 독특성과 다른 무엇인가를 보게 될 것이다. 그 모든 것들이 그리스도께 이끌릴 것이다. 주님께서는 높임을 받으시고, 사람들은 그리스도와의 영원한 관계로 바뀌어지는 삶으로 인도될 것이다.

우리는 다른 사람을 귀하신 나의 구원자의 사랑의 품으로 인도하기 위해서 완벽하지 않아도 된다. 우리는 단지 하나님의 사랑, 용납, 은혜, 용서 그리고 내 삶에서 나타나는 그분의 능력에 대해서 정직하기만 하면 된다.

 로마서 10:14

8. 주변 사람들이 귀를 기울일 수 있도록 그들의 문화적으로 적절한 방식으로 어떻게 복음을 전달할 수 있는가?

사람들은 우리가 그리스도와 동행하는 삶의 충만함을 나눌 때 섬겨진다. 이는 나의 약함, 실패, 감정적인 어려움, 죄, 두려움, 수치심, 슬픔, 상실에 대한 솔직함을 포함한다.

주님께서 나의 기도에 어떻게 응답하시는지, 죄 위에 승리를 어떻게 가져오시는지, 거짓과 원수의 견고한 진에서 나를 어떻게 구하시는지, 나의 재를 어떻게 아름다움으로 바꾸시는지를 나누는 것 또한 중요하다.

우리가 내 실수와 약함에 솔직할 때, 다른 이들은 나와 교제하며 하나님께서 그들의 삶에서도 일하실 수 있다는 희망을 얻을 수 있다. 물론 우리는 나의 과거, 죄, 어려움을 선정적으로 말해서는 안 된다. 우리는 항상 그리스도와 그의 성품, 구원의 일하심을 사람들에게 알려야 한다.

고린도후서 12:7-10

9. 하나님께서는 바울의 삶에서 주님의 영광을 위해 고난 육체의 가시 을 어떻게 쓰시는가? 약함에 대한 바울의 태도는 무엇인가?

우리 주위의 사람들은 재, 비통, 절망, 깨진 마음, 어둠, 사슬 속에서 살고 있다. 그들의 영혼 깊은 곳에서 치유 받고, 자유롭게 되고, 사랑받고, 허용받고, 존중받고, 힘과 희망을 받고 싶어 한다. 그들은 당신의 여정을 나눌수록 당신 안의 예수님을 더 알고 싶어 나아온다. 하나님께서는 마음을 여는 것, 솔직한 것, 다 맡기는 것, 그리고 회개를 원하신다. 이는 다른 사람들을 구원자로 이끄는 삶의 변화를 가져올 것이다.

고린도후서 4:7

10. 위 말씀은 무엇을 의미하는가? "보배"란 무엇인가? 왜 우리는 "질그릇"이라고 불리는가? 우리는 어떻게 "어두운 데에 빛이 비치게" 할 수 있는가?

공동체 나눔

이 남성 성경공부를 통해 나 자신, 하나님, 하나님과의 관계에 관해 사단이 뿌려놓은 거짓을 발견할 수 있었다. 나는 주님을 떠나서 나의 갈급함을 채우고, 깊은 고통에서 내 마음을 보호하기 위해 찾았던 거짓들과 내 삶의 일부분이 된 '재'를 고백했다. 나는 틈과 영적인 견고한 진을 깨트리기 위해 기도로 영적 전쟁을 하였다. 나는 매일 말씀을 공부하고 하나님 말씀의 진리를 선포하며 나를 수년 동안 괴롭혀 온 사단이 뿌려놓은 거짓을 거부하였다. 나는 더 깊은 묵상 훈련과 하나님 말씀의 공부와 기도가 필요함을 느꼈다.

하나님께서는 내가 그동안 배운 그리스도의 사랑으로 다른 사람을 사랑하고, 그들과 솔직하게 믿음을 가지고 두려움이 아닌 교제하도록 나를 부르셨다. 그러나 그리스도와 성령의 능력이 없이는 어떠한 변화도 가능하지 않다.

사도행전 1:8에서 예수님께서 말씀하시기를, "오직 성령이 너희에게 임하시면 너희가 권능을 받고 예루살렘과 온 유대와 사마리아와 땅 끝까지 이르러 내 증인이 되리라 하시니라."

하나님의 영에 의해 권능을 받도록, 그리고 새로운 방법으로 믿음이 채워질 수 있도록 기도하는 시간을 가지라. 하나님의 능력을 제한하지 마라. 하나님께서는 그분의 능력을 믿는 믿음으로 이 말씀을 하셨다.

> "…만일 너희에게 믿음이 겨자씨 한 알 만큼만 있어도 이 산을 명하여 여기서 저기로 옮겨지라 하면 옮겨질 것이요 또 너희가 못할 것이 없으리라" 마태복음 17:20.

> "주께서 나의 등불을 켜심이여 여호와 내 하나님이 내 흑암을 밝히시리이다 내가 주를 의뢰하고 적군을 향해 달리며 내 하나님을 의지하고 담을 뛰어넘나이다" 시편 18:28-29.

1. 현재, 하나님의 영광을 위한 승리의 삶, 열매 맺는 삶을 사는 것을 불가능하게

하는 장애물이 있다면 적어보라. 이 장애물들을 극복할 수 있도록 하나님께 그분의 권세 안에서 믿음을 달라고 간구 기도를 하라.

바울은 그리스도께서 "…화목하게 하는 말씀을 우리에게 부탁하셨느니라 그러므로 우리가 그리스도를 대신하여 사신이 되어…"라고 말한다 (고린도후서 5:19–20). 이는 목사, 전도사의 직분, 전도의 영적 은사를 받은 사람에게만 해당하는 것이 아니다. 사실, 디모데후서 4:5에서 우리는 모두 "전도자의 일을 하여야 한다"고 나와 있다. 당신 주위의 사람들에게 예수님을 알리기 위한 더 큰 권세와 담대함을 위해 기도하라.

"빌기를 다하매 모인 곳이 진동하더니 무리가 다 성령이 충만하여 담대히 하나님의 말씀을 전하니라" 사도행전 4:31.

기도함에 따라, 하나님께서 간증과 복음을 나누기를 특별히 원하시는 사람이 마음에 떠오르게 해달라고 간구하라.

2. 주님께서 당신의 마음에 다가오게 하시는 사람들의 이름을 적어보라. 그리고 그 사람들과 복음을 나눌 기회와 그 사람들을 위해 매일 작정 기도를 하라. 유용한 도구는 "네 가지 영적인 원리" 사영리 라고 불리는 복음을 나누는 것이다. 개인적인 간증과 복음의 말씀을 나누는 것은 그 사람들이 어떻게 믿는 자가 될 수 있는지에 대해 이해할 수 있게 하는 매우 효과적인 방법이다.

형제들을 향한 내 기도는 형제들이 이 성경공부의 진리대로 매일 삶을 사는 것이다. 이 성경적 원칙들이 형제들의 생각과 매일의 행동에 자연스러운 부분이 되도록 기도한다. 형제들로 인하여 기뻐하시며 즐거이 부르시는 스바냐 3:17 너무나 좋으신 우리 주님과 매일 함께하는 더 깊은 풍성한 삶이 계속해서 성장해 나아갈 것을 위해 기도한다. 주님께서 매일 사랑으로 형제들을 잠잠하게 하시고, 또한 다른 사람들을 주님께로 이끌며 생명을 나누는 증인이 되도록 능력을 주시길 기도한다.

과제

1. 이제, 당신은 이 공부를 통해 다음 단계의 믿음으로 나아갈 준비가 되었다. 하나님께 당신과 같이 공부할 수 있는 그룹을 세워달라고 기도하라. 하나님께서 이 성경공부를 통해 주님의 영광을 위한 변화와 치유와 새롭게 된 삶의 열매를 많이 맺게 하시기를 기도한다.

부록

- **부록 1** 나 자신과 하나님에 관한 거짓들 · 진리들
- **부록 2** '넉넉히 이기는 자' 남성 성경공부를 통한 삶의 변화 일지

Appendix

부록 I

나 자신과 하나님에 관한 거짓들

나 자신에 관한 거짓들	하나님에 관한 거짓들
나는 매력적이지 않아! 못생겼어	하나님은 나에게 신경 쓰시기에 너무 바빠
나는 뭐든지 잘못해	하나님은 내게 먼저 다가오시지 않아
나는 재능이 없어	하나님은 나와 함께하지 않아
나는 성격이 좋지 않아	하나님은 지속적이지 못해
나는 수치스러워	가끔은 계시고 가끔은 안 계셔
내 인생은 망했어	하나님은 나로부터 멀리 계셔
나는 용납받을 수 없어	나한테는 용서하지 않는 하나님
나는 절대로 용서받지 못해	하나님은 나를 부끄러워해
나는 하나님을 섬기기에 부족해	하나님은 비판적이야
나는 하나님께 나아가기에 너무 죄가 많아	하나님은 너무 많은 것을 바라고 판단해
하나님은 내게 싫증 나셨을 거야	하나님은 무서운 분이야
사람들이 날 안다면 날 용납하지 않을 거야	하나님은 나를 이용하고 있어
나는 가치가 없어	하나님은 나를 사랑하지 않아
나는 소용이 없어	나를 도와주시기에는 너무 약한 분이야
나는 너무 불쌍해	나를 도와주시기에는 소극적인 분이야
나는 바보 같아	하나님은 인색하고 기다리라고만 해
나는 사랑받지 못해	하나님은 벌을 주시는 분이야

나 자신에 관한 거짓들	하나님에 관한 거짓들
나는 안정감이 없어	하나님은 항상 교훈만을 주시려고 해
나는 열등해	하나님은 나를 잊었어
나는 버려졌어	하나님은 간혹 실수도 해
나는 혼자야	하나님은 무감각해
나는 무가치한 존재야	하나님은 나에게 관심이 없으셔
나는 중요하지 않아	하나님은 너무 숨 막히게 하는 분이야
나는 나빠	하나님은 나에게만 나쁘게 대하셔
나는 불안전해	하나님은 나를 돌보지 않아
나는 무력해	하나님은 절대로 나로 만족을 못해
나를 아무도 원하지 않아	하나님은 날 지배하며 교묘하게 조작하셔
나는 적응을 못해	하나님은 완벽주의자야
나는 역겨운 존재야	하나님은 주권자가 아니야
나는 거부 받을 만한 존재야	하나님은 공급하시는 분이 아니야
나는 너무 재미가 없어	하나님은 내 기도는 안 들으셔
나는 특별하지 않아	하나님의 역사는 끝났어
나는 결점이 많은 사람이야	하나님은 어디에나 계시지 않아
	하나님은 날 버렸어

나는 용납 받았다 (속함 받은 자)
나는 택함 받았고 하나님의 친구 (벗) 이다 이사야 41:8-9
나는 택함 받았다 이사야 42:1
나는 하나님께 속하였고 나를 지명하여 불렀다 이사야 43:1
나는 하나님을 알도록 택함받았다 이사야 43:10
나는 하나님께 택함 받았고 지음 받았다. 그래서 나는 결코 두렵지 않다 이사야 44:1-2
나는 하나님께 속하였다 이사야 44:5
나는 태어나기 전에 택함 받았다 이사야 49:1
나는 하나님의 손바닥에 새겨졌다 이사야 49:16
나는 내 사랑하는 자에게 속하였다 아가서 7:10
나는 하나님의 자녀다 요한복음 1:12
나는 하나님의 친구다 요한복음 15:14
나는 그리스도와 합하여 한 영이 되었다 고린도전서 6:17
나는 하나님께 값으로 산 것이고 하나님께 속하였다 고린도전서 6:19-20
나는 그리스도의 몸의 한 지체다 고린도전서 12:27
나는 성도다 에베소서 1:1
나는 직접 하나님 앞으로 나아갈 수 있다 에베소서 2:18
하나님께서 나에게 하나님 기업의 부분을 얻기에 합당한 자격을 주셨다 골로새서 1:12
나는 그리스도 안에서 온전하다 골로새서 3:14

나는 가치 있다 (존귀한 자)
나는 하나님께 속하였고 택함 받았다 베드로전서 2:9-10
하나님은 나의 영광이시요, 나의 머리를 드시는 분이시다 시편 3:3
나를 영화와 존귀의 관으로 씌우셨다 시편 8:5
하나님께서 나를 보배롭고 존귀하게 여기신다 이사야 43:4
나를 통하여 하나님의 영광을 나타낸다 이사야 49:3
나는 하나님 보시기에 존귀한 자다 이사야 49:5
나는 부끄러워 하지 아니하며 하나님께서 나를 도우신다 이사야 50:7
나는 아름다운 옷을 입었다 이사야 52:1
하나님께서 나를 영화롭게 하신다 이사야 55:5
나는 하나님의 영광을 나타낸다 이사야 61:3
나는 하나님의 아름다운 면류관, 왕관이다 이사야 62:3
나는 하나님의 신부, 하나님의 마음을 빼앗았다 아가서 4:9-10
나는 그리스도와 함께 하늘에 앉은 자이다 에베소서 2:6
나는 산 돌이요 하나님께 보배로운 자이다 베드로전서 2:4-6
나는 택하신 족속이요 왕 같은 제사장이다 베드로전서 2:9

나는 순결하다 (사함받고 거룩한 자)
나는 수치를 당하지 않는다 시편 25:3
나는 더 이상 죄책감이 없다 시편 32:5

나는 순결하다 (사함받고 거룩한 자)
내가 주를 앙망하면 부끄러움을 당하지 않는다 시편 34:5
나는 정죄 받지 않는다 시편 34:22
동이 서에서 먼 것 같이 하나님께서 나의 죄과를 나에게서 멀리 옮기셨다 시편 103:12
나는 구속받았다 이사야 43:1
나의 허물은 도말 되었고 하나님께서 나의 죄를 기억하지 아니하신다 이사야 43:25
나의 허물은 도말 되었다 이사야 44:22
그가 채찍에 맞으므로 내가 나음을 입었다 이사야 53:4-6
나는 수치와 부끄러움을 당치 아니하고 하나님께서 나의 부끄러움을 보지 아니하신다 이사야 54:4
나는 의의 나무다 이사야 61:3
나는 의의 옷을 입었다 이사야 61:10
회개하고 돌이키면 새롭게 되는 날이 이를 것이다 사도행전 3:19-20
나는 믿음으로 의롭다 함을 얻고 하나님과 하나가 되었다 로마서 5:1
죄가 나를 주관하지 못한다 로마서 6:14
나는 죄에서 해방 받고 부끄러운 일에서 벗어났다 로마서 6:21-23
나는 결코 정죄 받지 않는다 로마서 8:1-2
나는 나에 대한 송사에서 해방을 얻었다 로마서 8:33-34
나는 속량함을 받고 죄 사함을 얻었다 에베소서 1:7

나는 순결하다 (사함받고 거룩한 자)
하나님께서 나의 모든 죄를 사하셨다 골로새서 2:13-14
나는 부끄러움에서 해방 받았고 나는 거룩하다 베드로전서 2:6, 9
나는 죄 사함을 받았고 모든 불의에서 깨끗하게 되었다 요한일서 1:9

나는 혼자가 아니다 (사랑받는 자)
하나님은 나를 평안케 하신다. 내가 잘 때도 안전하게 보호하신다 시편 4:8
하나님께서 나를 원수의 손에서 건지셨다 시편 18
하나님께서 나를 보살피신다 시편 121:1-8
나는 외롭지 않다. 하나님은 어디서나 영원히 나와 함께 계신다 시편 139:1-10
하나님은 나를 잊지 않으시고 나에게 힘을 주신다 이사야 40:27-31
하나님은 결코 나를 거절하지도, 싫어하지도 않으신다 이사야 41 9
하나님은 나와 함께 하시고 힘을 주시고 도와주시고 지지하신다 이사야 41:10-14
하나님이 나에게 기묘하고 크신 일을 행하시므로 무리가 그것을 보게 된다 이사야 41:18-20
하나님께서 그의 영을 내게 주셨다 이사야 42:1
고난 중에서도 외롭지 않으며 하나님께서 나를 보호하신다 이사야 43:2-5
하나님께서 내게 유익하도록 가르치시고 인도하신다 이사야 48:17
하나님께서 나를 긍휼히 여기시고 결코 나를 잊지 않으신다 이사야 49:13-15
나는 "찾은 바 된 자, 버림받지 아니한 자"로 일컬음을 받았다 이사야 62:12

나는 혼자가 아니다 (사랑받는 자)
하나님은 내 위로자이고 내 안에 계시며 나는 더 이상 고아가 아니다 요한복음 14:16-18
성령님이 내 안에서 나에게 힘을 주신다 시편 138:3
하나님의 영이 내 안에 계시므로 내가 고통 중에서 하나님 사랑으로 넘친다 로마서 5:3-5
하나님의 사랑이 나의 마음과 생각을 지키신다 빌립보서 4:7

나는 사랑받는 자이다 (보배롭고 기쁨으로 일컫는 자)
하나님께서 나를 기뻐하심으로 나를 구원하셨다 시편 18:19
내가 주의 복락의 강물을 마시고 주의 사랑이 영원무궁하시다 시편 36:7-9
나는 주의 기뻐하시는 포도원이다 이사야 5:7
나는 주님의 마음에 기뻐하는 자이다 이사야 42:1
주님이 나를 사랑하시고 보배롭게 여기신다 이사야 43:4
주님은 나의 남편이시다 이사야 54:5
주님의 사랑은 요동하지 않으신다 이사야 54:10
주님께서 나에게 "헵시바"라는 이름을 주셨다 이사야 62:4
주님께서 나를 신부처럼 기뻐하신다 이사야 62:5
주님께서 나를 "찾은 바 된 자"라 부르신다 이사야 62:12
주님께서 어머니의 사랑으로 나를 사랑하신다 이사야 66:13
주님께서 나를 향하신 사랑이 내 위에 깃발이다 아가서 2:4
주님과 나의 사랑 이야기 아가서 2:14

나는 사랑받는 자이다 (보배롭고 기쁨으로 일컫는 자)

나는 주님의 신부이고 주님의 마음을 빼앗은 자이다 아가서 4:9-10

주님께서 나를 사모하신다 아가서 7:10

주님께서 나로 만족하신다 아가서 8:10

주님께서 내 안에서 기뻐하신다 스바냐 3:17

하나님께서 나를 이처럼 사랑하사 나에게 독생자를 주셨다 요한복음 3:16

그 어느것도 나를 그리스도의 사랑에서 끊지 못한다 로마서 8:35-39

사랑 안에서 그분은 우리를 자기의 아들들로 삼으셨다 에베소서 1:4-5

나를 지으심이 신묘막측하다 (아름다운 자)

나는 하나님의 형상대로 지음받았다 창세기 1:26-27

주님께서 나를 "나의 어여쁜 자"라고 부르신다 아가서 2:10-13

주님께서 나를 지으심이 심히 기묘하시다 시편 139:13-14

나를 지으신 자와 더불어 다투지 않을 것이다. 그가 하신 모든 일이 아름답다 이사야 45:9

주님께서 내게 아름다운 화관을 주셨다 이사야 61:3

나는 안전하다 (보호받는 자)

두려워하지 말고 떨지 말라. 주님께서 내 앞에서 가신다 신명기 31:6-8

두려워하지 말라. 내가 어디로 가든지 주님이 나와 함께하신다 여호수아 1:9

내가 압제당할 때 여호와가 나의 방패요 피난처이시다 시편 9:9

나는 안전하다 (보호받는 자)
내 원수 앞에서 여호와는 나의 구원이시요 피난처시요 산성이시요 반석이시요 보호이시다 시편 18
여호와는 나의 목자이시다 시편 23
나는 두렵지 않다. 그가 나의 안전을 지키신다 시편 27:1-3, 5
여호와는 나의 목자이시며 방패와 힘이시다 시편 28:7-9
여호와는 나를 보호하시고 구원하신다 시편 32:7
여호와께서 위험에 처한 자를 구원하시고 마음이 상한 자를 가까이하신다 시편 34
여호와는 환난 중에 만날 큰 도움이시다 시편 46:1-3
여호와께서 우리를 올무와 재난에서 벗어나게 하시고 천사들로 우리를 보호하게 하신다 시편 91
여호와 보시기에 흑암과 광명 (빛) 이 일반이다 시편 139:11-12
나의 모든 날을 여호와께서 정하셨다 시편 139:16
그가 나를 품에 안으신다 이사야 40:11
하나님께서 나의 모든 필요를 아시며 공급하신다 마태복음 6:25-32
나를 위하여 그가 모든 것이 합력하여 선을 이루게 하신다 로마서 8:28
나는 그리스도 안에서 세워지고 기름 부음을 받았고 인쳤다 고린도후서 1:21-22
나는 그리스도와 함께 하나님 안에 감취어졌다 골로새서 3:3
내 안에서 착한 일을 시작하신 이가 반드시 이루실 줄을 나는 확신한다 빌립보서 1:6
나는 천국의 시민이다 빌립보서 3:20

나는 안전하다 (보호받는 자)
나에게 주신 것은 두려워하는 마음이 아니요 오직 능력과 사랑과 근신하는 마음이다 디모데후서 1:7
때를 따라 돕는 은혜와 긍휼을 얻기 위하여 은혜의 보좌 앞에 담대히 나아갈 것이다 히브리서 4:16
나는 하나님께로부터 난 자로서 그가 나를 악한 자의 상처에서 보호하신다 요한일서 5:18

나는 새롭게 변화되었다 (새롭게 창조된 자)
주님은 나의 마음을 소생케 하신다 이사야 57:15
나는 고침 받고 회복될 것이다 이사야 57:18-19
주님은 나의 "수보자"와 "회복자"이시다 이사야 58:12
나에게 재 대신 화관이 있다 이사야 61:1-3
나는 중수되고 회복되고 변화되고 있다 이사야 61:4
나는 토기장이 손의 진흙이다 이사야 64:8
나의 마음은 새롭게 됨으로 변화를 받았다 로마서 12:2
나는 주님의 형상으로 변화하였다 고린도후서 3:18
나는 매일 새롭게 변화된다 고린도후서 5:16
주님의 징계를 통하여 나는 거룩함을 입었다 히브리서 12:10-11
나는 주님의 일이다 에베소서 2:10
주님이 내 안에서 일하시므로 그리스도 안에서 나는 완전하게 되었다 빌립보서 1:6

나는 만족을 얻었다 (충만한 자)
주님의 인자가 생명보다 낫고 주님이 함께하시므로 나는 만족한다 시편 63:2-5
주님은 좋은 것으로 나를 만족하게 하신다 시편 103:5
나는 주님 때문에 만족하고 내 영혼이 주님 때문에 기뻐한다 이사야 55:2
나는 물 댄 동산 같고 물이 끊어지지 아니하는 샘 같을 것이다 이사야 58:11
내가 주님을 심히 사모할 때 그가 반드시 나를 만족하신다 이사야 66:11
내가 먼저 주님께 구하면 그가 반드시 나의 필요를 채우신다 마태복음 6:25-33
주님은 좋은 것으로 나에게 주신다 마태복음 7:7-11
내 기쁨이 주님 안에서 충만하다 요한복음 15:11
그리스도 안에서 나는 자족한다 빌립보서 4:11
주님께서 그 풍성한 대로 나의 모든 쓸 것을 채우신다 빌립보서 4:19
내가 주님과 동행할 때 만족을 얻는다 디모데전서 6:6

나는 의를 가졌다 (의롭게 하심을 입은 자)
나는 주님의 형상대로 지음 받았고 지으신 모든 것을 다스리신다 창세기 1:26-27
주님께서 나를 향하신 풍성한 계획, 미래와 희망을 갖고 계신다 예레미야 29:11
나는 세상의 소금과 빛이다 마태복음 5:13
나는 참 포도나무의 가지요 그 생명의 통로이다 요한복음 15:1, 5
나는 열매를 맺기로 택함 받았다 요한복음 15:16

나는 의를 가졌다 (의롭게 하심을 입은 자)

나는 그리스도의 증인이다 사도행전 1:8

나는 주님의 일을 관리하고 주님께서 영광과 존귀의 관을 나에게 주셨다 로마서 8:3-6

나는 주님의 성전이다 고린도전서 3:16

그리스도 안에서 나는 새 것이 되었다 고린도후서 5:17

나는 화목하게 하는 대사이다 고린도후서 5:18-20

주님의 아름다움이 내게 부어진다 고린도후서 5:21

나는 주님과 함께 일하는 자이다 고린도후서 6:1

나는 주님의 선한 일을 위해 지으심을 받은 자니, 이 일은 하나님이 전에 예비하사 나로 행하게 하려 하신 것이다 에베소서 2:10

나는 주님의 형상대로 지음 받았고, 진리의 의와 거룩함이 있다 에베소서 4:24

그리스도께서 나를 의롭게 여기신다 빌립보서 3:7-10

내게 능력 주시는 자 안에서 나는 모든 것을 할 수 있다 빌립보서 4:13

나는 택하신 족속이요 왕 같은 제사장이요 거룩한 나라요 그의 소유된 백성이다 베드로전서 2:9-10

부록 2

'넉넉히 이기는 자' 성경공부를 통한 삶의 변화 일지

과	배운 말씀 적용하기	실천 과정 및 결과
소개		
1과		
2과		
3과		
4과		
5과		

과	배운 말씀 적용하기	실천 과정 및 결과
6과		
7과		
8과		
9과		
10과		
11과		

왜 이사야서가 그리스도인에게 도움이 되는가

하나님의 친밀한 사랑을 더 깊이 이해하고 체험하는 여정 가운데 주님은 지속적으로 나를 이사야서로 인도하시곤 하셨다. 이스라엘이라는 한 나라에 대해 기록된 예언서라는 이유로 아마도 혹자는 이 책의 내용을 한 방향으로 몰아갈지도 모른다.

그러나 우리는 "모든 성경은 하나님의 감동으로 된 것으로 교훈과 책망과 바르게 함과 의로 교육하기에 유익하니" 디모데후서 3:16 의 말씀을 잘 알고 있다. 구약의 이사야서 역시 우리의 영적 성장에 중요한 역할을 하고, 우리 영혼의 특별한 영역을 심오한 방법으로 다룰 수 있는 독특한 요인이 있음을 믿는다.

이사야서는 명확하게 두 부분으로 나뉘어져 있는데, 1장에서 39장까지는 이스라엘 백성의 우상 숭배와 반역에 대한 하나님의 분노와 책망을 드러내고 있다. 우리가 다른 신들이나 물건 또는 심지어 나 자신에게서 오는 욕망 을 섬길 때 하나님의 마음이 얼마나 슬프신지를 깨닫는 것은 매우 중요하다. 하나님을 향한 이스라엘 백성의 반역에 대한 하나님의 진노는 대단하셨고, 그의 심판의 정당성은 너무도 실제적이었다.

우리의 죄로 인한 하나님의 진노에 대해 예수님의 희생적이고 대속적인 십자가에서의 죽음으로써 만이 우리가 죄사함을 얻게 되었다. 이사야 53장은 그리스도의 죽음을 예언한 구약에서 가장 정확한 장문의 말씀으로 그리스도의 의의 예복을 우리에게 입혀 비난과 심판으로부터 우리를 자유케 하신다 라고 하였다. "그가 찔림은 우리의 허물 때문이요 그가 상함은 우리의 죄악 때문이라 그가 징계를 받으므로 우리는 평화를 누리고 그가 채찍에 맞으므로 우리는 나음을 받았도다" 이사야 53:5

이사야 40:1-2에서는 하나님의 백성에게 응답하시는 극적인 변화를 보게 된다. "하나님이 이르시되 너희는 위로하라 내 백성을 위로하라 너희는 예루살렘의 마음에 닿도록 말하며 그것에게 외치라 그 노역의 때가 끝났고 그 죄악이 사함을 받았느니라 그의 모든 죄로 말미암아 여호와의 손에서 벌을 배나 받았느니라 할지니라."

1장에서 39장까지는 하나님의 심판과 적들에게 멸망 당하는 나라의 몰락에 대해 예언하고, 반면 40장에서 66장까지는 나라의 회복과 재건에 대해 말씀하고 있다.

이사야서는 오늘날의 그리스도인들과 무슨 연관이 있을까?

왜 이사야서가 그리스도인에게 도움이 되는가

베드로전서 2:9에서 모든 그리스도인은 하나님의 "택하신 족속이요 왕 같은 제사장들이요 거룩한 나라요 그의 소유된 백성"이라고 말씀한다.

이사야서는 분명히 그의 선택받은 백성들이 회개하고 주님께 돌아오면 부드러운 사랑으로 용서하시는 하나님의 마음을 보여주고 있다. 우리의 죄가 얼마나 크던지 주님은 의의 예복 이사야 61:10 으로 우리를 덮으신다.

> "그가 우리를 흑암의 권세에서 건져내사 그의 사랑의 아들의 나라로 옮기셨으니 그 아들 안에서 우리가 속량 곧 죄 사함을 얻었도다" 골로새서 1:13-14

우리는 십자가에서의 예수 그리스도의 피가 우리를 덮고 하나님의 진노의 심판으로부터 우리를 옮기셨음을 알고 있다. "하나님이 죄를 알지도 못하신 이를 우리를 대신하여 죄로 삼으신 것은 우리로 하여금 그 안에서 하나님의 의가 되게 하려 하심이라" 고린도후서 5:21

우리는 여전히 어리석게도 더러 하나님을 외면하고 육신의 정욕을 따르기도 하지만, 이사야서에 나타난 가혹한 말씀이나 형벌은 더 이상 받지 않게 되었다.

그리스도를 통해 의로 여김을 받은 우리는 하나님과의 관계가 회복되고 이사야서 전체에 특별히 두 번째 부분의 중간 묘사된 아버지와 남편으로서의 하나님과의 친밀함을 누릴 수 있게 되었다. 신약에서는 이사야서를 다른 어떠한 구약어 서보다 많이 인용하고 있다. 그리스도 스스로가 이사야 61:1을 인용하여 포로된 자에게, 눌린 자에게 자유를 선포하는 예언을 이루기 위해 오셨음을 증거하셨다 누가복음 4:17-21

지금부터는 하나님의 사랑하는 신부를 향한 그분의 마음을 볼 수 있는 이사야서 다수의 구절들을 묵상해보자. 이사야서의 많은 구절이 "내 이름으로 불려지는 모든 자 곧 내가 내 영광을 위하여 창조한 자"이사야 43:7 를 위한 말씀이라는 것임을 명시하고 있다.

성경 학자이며, 저술가인 알렌 맥리 Allan MacRae 는 이사야 43:1–2의 주석을 주로 이스라엘을 위해 쓰여진 많은 구절들이 현대를 살아가는 오늘날의 그리스도인들에게 여전히 중요하게 적용되는 말씀들이라고 자세히 설명하고 있다.

> "야곱아 너를 창조하신 여호와께서 지금 말씀하시느니라 이스라엘아 너를 지으신 이가 말씀하시느니라 너는 두려워하지 말라 내가 너를 구속하였고 내가 너를 지명하여 불렀나니 너는 내 것이라 네가 물 가운데로 지날 때에 내가 너와 함께 할 것이라 강을 건널 때에 물이 너를 침몰하지 못할 것이며 네가 불 가운데로

왜 이사야서가 그리스도인에게 도움이 되는가

지날 때에 타지도 아니할 것이요 불꽃이 너를 사르지도 못하리니"이사야 43:1-2

위의 두 구절은 중요하게 이스라엘과 관련이 있지만, 하나님의 특별한 피조물인 모든 그리스도인에게도 동일하게 적용될 수 있는 말씀이다. 하나님의 창조 능력은 우리를 어둠에서 빛으로, 사단의 권세에서 하나님의 권세로 옮기셔야만 했다.

죄로 인해 길을 잃었던 모든 사람을 위해 주님께 영원히 속할 방법으로 십자가를 통해 우리 죄의 대가를 지불 하셨고, 또한 하나님의 우리를 향한 분명한 목적 없이는 우리 인생에 어떠한 일도 일어나지 않음을 알아야 한다. 하나님은 이스라엘 백성들에게 그들의 인생 가운데 일어날 수 있는 일들에 대해 "두려워하지 말라"라는 엄숙한 명령과 분명한 확신으로 말씀하셨다. 하나님은 만물을 다스리시고 그 뜻대로 부르심을 입은 자들에게는 모든 것이 합력하여 선을 이루는 분이시다.

모든 그리스도인이 이 두 구절의 말씀을 마음에 두어 큰 축복의 삶이 되길 바란다.

하나님께서 이스라엘을 창조하셨고, 만들어가셨고, 구원하셨다는 사실과 그들 삶에서 벌어지는 모든 일이 하나님의 계획 일부이고, 궁극적으로는 하나님의 선하심을 위해 작정 되었다는 것을 깨달았다면 그들의 문제는 훨씬 간단했을 것이다.

위 2절에서는 하나님의 백성에게 앞으로 큰 어려움이 없을 거라는 약속이 아닌, 그들이 환난을 겪을 때 홀로 내버려 두지 않으시겠다는 약속을 주셨다. 비록 하나님께서 이스라엘 백성을 향해서 말씀하신 구절들이지만, 모든 믿는 자들이 이 말씀을 암송하여 자신의 삶에 적용하면 좋을 것 같다 MacRae, 78-79쪽

우리는 많은 열망을 가지도록 창조되었다. 우리들 마음에서 오는 바람은 누군가에겐 소중히 여겨지고 특별한 것이며, 우리는 하나님을 예배하고 흠모하도록 창조되었지만, 역시 하나님께 사랑받고 소중히 여김을 받는 존재들이다.

이사야의 두 번째 부분은 주님이 우리와 함께 얼마나 친밀한 사랑의 관계를 원하시는지에 대한 가장 빛나는 내용이다. 하나님은 우리를 "친구", "신부", "주님께 속한 자", "좇음을 받는", "선택받은", "헤프지바" 네 안에 내 빛이 있다, "딸"과 같은 매우 열정적인 언어를 사용하여 우리를 부르셨다.

또한 "너는 내 것이다", "너는 나의 기쁨이다", "나는 너를 구원하였다", "나는

왜 이사야서가 그리스도인에게 도움이 되는가

너의 이름을 부른다", "나는 너를 위로한다", "너를 내 손바닥에 새긴다", "너의 창조주가 너의 남편이다", "너를 향한 나의 사랑은 영원하다"와 같은 부드러운 언어로 묘사하여 우리에 대한 하나님의 열정을 나타내셨다.

우리를 향하신 하나님의 사랑에 관한 소중한 책, 이사야서로 묵상을 시작할 때 하나님을 갈망하게 되고, 우리의 사랑을 원하고, 우리의 영혼을 긍휼히 여기시는 연인에게로 더욱 다가가게 될 것이다. 그분의 말씀은 우리를 소생시키시고, 사랑하시고, 용서하시고, 위로하신다.

우리 하나님은 우리에게 화관을 주어 그 재를 대신하며, 희락의 기름으로 그 슬픔을 대신하며, 찬송의 옷으로 그 근심을 대신하게 하시는 분이시다 이사야61:3.

수산 콜